本书获得湖北经济学院2021年学术专著基金出版计划资助

资源环境约束下
中国全要素生产率增长研究

ZIYUAN HUANJING YUESHUXIA
ZHONGGUO QUANYAOSU SHENGCHANLÜ ZENGZHANG YANJIU

赵 琼 著

中国财经出版传媒集团

经济科学出版社
Economic Science Press

图书在版编目（CIP）数据

资源环境约束下中国全要素生产率增长研究/赵琼
著. -- 北京：经济科学出版社，2021.11
ISBN 978 - 7 - 5218 - 2663 - 0

Ⅰ.①资⋯　Ⅱ.①赵⋯　Ⅲ.①全要素生产率 - 劳动生
产率增长速度 - 研究 - 中国　Ⅳ.①F249.22

中国版本图书馆 CIP 数据核字（2021）第 128500 号

责任编辑：王柳松
责任校对：王肖楠
责任印制：王世伟

资源环境约束下中国全要素生产率增长研究

赵　琼　著

经济科学出版社出版、发行　新华书店经销
社址：北京市海淀区阜成路甲 28 号　邮编：100142
总编部电话：010-88191217　发行部电话：010-88191522
网址：www. esp. com. cn
电子邮箱：esp@ esp. com. cn
天猫网店：经济科学出版社旗舰店
网址：http://jjkxcbs. tmall. com
北京季蜂印刷有限公司印装
880×1230　32 开　8 印张　170 000 字数
2021 年 12 月第 1 版　2021 年 12 月第 1 次印刷
ISBN 978 - 7 - 5218 - 2663 - 0　定价：42.00 元
（图书出现印装问题，本社负责调换。电话：010 - 88191510）
（版权所有　侵权必究　打击盗版　举报热线：010 - 88191661
QQ：2242791300　营销中心电话：010 - 88191537
电子邮箱：dbts@esp. com. cn）

前　言

改革开放以来，中国经济建设取得了重大成就，发展质量和发展效益不断提升，2019 年中国国内生产总值（GDP）约为 99 万亿元，稳居世界第二，对世界经济增长的贡献率超过 30%。[①] 随着经济保持中高速增长和国际影响力日益增大，中国也承担着更大的资源环境压力，并伴随着自然资源利用效率低、环境质量持续下降的问题。在面临经济增长、资源供给和环境污染等多重压力的现实背景下，如何提升经济发展质量实现区域协调发展成为实现可持续发展必须考虑的首要问题。

全要素生产率（total factor productivity，TFP）是衡量生产效率的主要指标，TFP 越高经济发展质量越高。着眼于此，党的十九大报告明确指出：必须坚持质量第一、效益优先，以供给侧结构性改革为主线，推动经济发展质量变革、效率变革、动力变革，提高全要素生产率，着力加快建设实体经济、科技创新、现代金融、人力资源协同发展的产业体系，着力构建市场机制有效、微观主体有活力、宏观调控有度的经济体制，不断增强我国经济创新力和竞争力。同时，把生态文明建设列为

---

① 中国政府网［EB/OL］. http://www.gov.cn/zhuanti/2017 - 10/27/content _ 5234876. htm.

新时代中国特色社会主义基本方略之一，提倡坚持贯彻节约资源和保护环境的基本国策，形成绿色发展方式。[①]

本书分别以省级行政区、工业、国际经济体为研究对象，从不同层面出发将资源环境约束纳入研究框架，在全要素生产率理论基础上，用数据包络分析法结合方向性距离函数与Malmquist 指数法，研究了 2004～2017 年中国的技术效率、全要素生产率的变化特征及提升源泉，分析了中国东中西部三大区域以及各省区市间的差异，利用空间面板模型对中国省际TFP 增长的收敛性加以检验，对省际 TFP 增长的影响因素做了实证分析，从推动新型工业化视角对工业在提升省际 TFP 中的作用进行了实证研究。最后，拓展到国际视角，比较了中国和经济合作与发展组织（OECD）国家 TFP 增长的差异。本文主要分为以下七章内容。

第一章，全要素生产率的相关理论。对经济增长理论的历史发展脉络、全要素生产率的测度方法、全要素生产率的影响因素三个方面进行了文献梳理和综述，为进一步实证分析奠定了基础。

第二章，资源环境约束下中国省际全要素生产率增长的测算研究。首先，利用方向性距离函数构建全局曼奎斯特－卢恩伯格（Malmquist Luenberger，GML）指数来度量在资源环境约束下各省区市的全要素生产率增长，并对其进行分解，分析其

[①] 习近平. 决胜全面建成小康社会，夺取新时代中国特色社会主义伟大胜利[EB/OL]. http：//www. gov. cn/zhuanti/2017/10/27/content_5234876. htm.

动态增长特征及增长源泉；其次，测算了资源环境约束下中国
省际技术效率，从静态视角分析了各省区市及东中西部三大区
域全要素生产率的特征。

第三章，资源环境约束下中国省际全要素生产率的收敛性
研究。首先，从理论上梳理了收敛假说和收敛机制；其次，对
研究收敛的方法进行了说明，用空间计量模型检验了资源环境
约束下省际 TFP 的绝对收敛、条件收敛，研究了省际 TFP 增
长的趋同情况。

第四章，资源环境约束下中国省际全要素生产率增长的影
响因素研究。在分析了资源环境因素对全要素生产率增长的影
响机制后，结合第二章测算出的 GML 指数，选取适当的面板
模型，对全要素生产率增长的影响因素以及区域差异进行了实
证分析。

第五章，资源环境约束下工业对省际全要素生产率增长的
影响。工业是推动各省区市经济发展的主要产业，也是能源消
耗和污染排放的重要来源，在实现绿色发展中承担着主体责
任，因此，本章重点分析资源环境约束下工业对省际全要素生
产率增长的影响。首先，由于工业行业的数据获取受限，只测
算了 2004～2016 年中国的 30 个省区市①的工业全要素生产率；
其次，分析了该样本期内工业全要素生产率的增长特征以及与
省际全要素生产率的关系；最后，用面板平滑转换（PSTR）

———————————

① 由于数据可得性原因，中国的 30 个省区市未包括中国西藏自治区和中国
港澳台地区。

模型研究了资源环境约束对各省区市工业全要素生产率增长的影响效应，探讨了推进新型工业化进程中提升各省区市全要素生产率增长的路径，以增强区域发展协调性。

第六章，资源环境约束下全要素生产率增长的国际比较分析。本章从国际视角出发，比较了资源环境约束下各国之间TFP 增长的差异以及动态变化特征。首先，测算了 2001～2013年包含中国在内的 20 个国家 GML 指数及其分解因子，对各经济体 TFP 增长速度、增长质量进行了对比分析；其次，用面板二值选择模型对全要素生产率增长的影响因素进行实证分析，探讨了增长差异的原因。

第七章，结论和展望。主要研究结论如下：

（1）不考虑资源环境约束时全要素生产率增长水平会被高估。从 GML 指数的大小来看，只有 2005～2008 年以及 2015～2017 年 GML 指数大于 1，即全国平均全要素生产率处于提高状态，而其余年份全国平均全要素生产率有所下降。从区域横向比较来看，2004～2017 年东中西部三大区域的 TFP 增长差异显著，其中，东部地区、西部地区的平均全要素生产率提高，而中部地区的平均全要素生产率降低；技术进步是中国各省区市TFP 增长的主要动力，技术效率次之。从时间趋势上看，样本期内东中西部地区的全要素生产率变化呈现出共同的阶段性特征，这种趋势变化与对应年份污染排放量的变化、环境规制政策的实施、全球的经济环境是息息相关的。

（2）全国、东部地区、中部地区的全要素生产率增长都存

在绝对 β 收敛，增长差距在逐步缩小，而中国西部地区不存在绝对 β 收敛，各省区市之间的增长差距仍然存在，发展不均衡。全国和东中西部三大区域都存在条件 β 收敛，在控制变量决定的经济环境差异下，中国东部地区、中部地区和西部地区的全要素生产率增长以不同的收敛速度，逐步收敛到各自的均衡水平。

（3）对全要素生产率增长影响效应最大的是产业结构，最小的是禀赋结构。当环境因素代理变量为环境治理投资占 GDP 的比重时，对省际全要素生产率增长的影响在统计上不显著，表明本书选取的样本期内环境治理投资对全要素生产率增长的影响不明确，这与环境因素变量的选择和样本数据受限有关。不同因素对省际全要素生产率增长的影响方向及大小有一定差别。其中，经济发展水平、禀赋结构、资源因素、外资因素对全要素生产率增长有制约作用，产业结构因素、科技因素对全要素生产率增长有促进作用。

（4）工业全要素生产率增长与各省区市全要素生产率增长有着高度正相关关系。2004～2016 年，大部分省区市的工业生产率提高，西部地区的工业生产率提升最快，呈现出较快的追赶速度，中部地区的工业生产率提升最慢，总体来说，工业技术效率水平在不断提升，中国各省区市的工业技术效率差异导致了全要素生产率增长差异。从时间维度来看，工业全要素生产率的增长主要是靠技术进步推动；资源、环境因素对工业全要素生产率增长的门槛效应是存在的，具有非线性特征。根据这些结论可以得到提升中国各省区市全要素生产率增长的路径。

（5）经济合作与发展组织（OECD）国家的全要素生产率平均水平基本上都高于中国，只在 2006～2009 年低于中国，说明 2008 年爆发的经济危机对经济合作与发展组织（OECD）国家冲击性更大，导致了全要素生产率的大幅下降。

本书有三个创新点：一是本书使用全局 DEA 线性规划模型，非径向、非角度的 SBM 模型、方向性距离函数与全局 Malmquist 指数法结合，利用最新数据对资源环境约束下中国各省区市的全要素生产率进行再测算，用 GML 指数度量全要素生产率增长，避免了传统 Malmquist 指数和仅纳入环境约束的 ML 指数对全要素生产率进行测算时线性规划模型无可行解的问题，同时，还具备传递性，分解时更合理；二是加入了空间关联因素，用空间计量模型检验了全要素生产率的收敛性、用非线性模型对全要素生产率的影响因素进行实证研究，更合理地描述了经济增长中各因素指标的关系，使得提升工业全要素生产率增长从而带动省际全要素生产率增长更具有可操作性；三是对比国际经济体，预期在全要素生产率的驱动因素研究方面结合中国实际，考虑到技术进步、规模效率、配置效率、人口红利等方面，将全要素生产率变动分解得更实际而全面。

目　录

导　论

一、研究背景和研究意义

（一）研究背景

改革开放以来，中国技术进步、生产效率大大提高，发展质量和效益不断提升，经济建设取得重大成就。根据国家统计局公布的数据可知，2017 年中国国内生产总值为 832035.9 亿元①，按 1978 年可比价格计算，增长了 33.7 倍，年均增长率高达 9.5%，2019 年国内生产总值增长到近 99 万亿元，位居世界第二。无论是经济增长速度还是规模都被视为奇迹，引发了国内外学者对中国经济增长源泉的分析和讨论。

全球面临的最突出的环境问题是气候变化，国际社会为此采取了一系列行动。如在 2015 年底在巴黎气候变化大会上通过的《巴黎协定》，为 2020 年后全球应对气候变化行动做出了

---

① 中华人民共和国国家统计局 . 2018 年中国统计年鉴［EB/OL］. http：// www. stats. gov. cn/tjsj/ndsj/2009/indexch. htm.

安排，"德班平台"① 谈判也达成了加强碳减排力度的国际协议。② 随着国际地位的提升，中国承担的环境责任越来越大，相关管理部门对经济发展与环境和能源的双重约束有了深刻认识，并采取了一系列政策措施，近 20 年来，中国的能源消费结构悄然发生变化，煤炭消费占比先增后减，清洁能源占比先减后增。这表明，中国在提高资源利用效率、减少污染排放、推进经济结构转型、实现资源环境双重约束下经济的持续增长方面的意识在不断增强。推进能源生产和消费革命，构建低碳安全高效的能源体系，降低能耗，是实现绿色发展的必经之路。

本书在环境问题频发、国内生产总值预期增长目标调低、经济增长向高质量阶段转变的大背景下，测算中国的 30 个省区市③全要素生产率（total factor productivity，TFP）增长，探究资源环境约束下中国的 30 个省区市的经济增长效率以及影响中国各省区市④全要素生产率增长的因素，对实现经济可持续增长，制定动态的节能减排政策是很重要的。

（二）研究意义

1. 理论意义

全要素生产率增长是一个既古老又年轻的问题。1957 年，

---

① 德班平台——德班世界气候大会，是指《联合国气候变化框架公约》第十七次缔约方大会，在南非东部港口城市德班开幕而称之。"德班平台"是全球气候变化谈判的主平台，2012 年联合国首轮气候变化谈判会议设立了"加强行动德班平台特设工作组"，简称"德班平台"。

② 中国气候变化信息网［EB/OL］. http://www.ccchina.org.cn/index.aspx.

③ 由于数据可得性原因，中国的 30 个省区市未包括西藏自治区和中国港澳台地区。

④ 本书中的中国各省区市是指，中国的 30 个省区市（未包括中国西藏自治区和中国港澳台地区）中的各省区市。

新古典增长理论的代表人物索洛首次提出增长核算方程后，经济增长的直接原因被分解为要素积累和全要素生产率两项。测度全要素生产率增长，是判断经济增长质量与效益的重要手段之一，也是制定经济可持续发展政策的重要依据。然而，忽略资源环境对生产效率的影响，只以 GDP 为导向的经济增长效率评价是有偏的，如何将资源环境因素纳入全要素生产率研究框架，成为近年来研究生产率问题的一个焦点领域。

关于经济增长与环境污染关系的理论研究，学术界主要是基于"库兹涅茨（Kuznets）曲线"理论假设展开，但这个假设的缺陷在于容易误导人们以为环境问题会随着经济的不断增长自然解决。传统经济理论普遍认为，实现经济增长与环境保护不可双赢，而波特（Porter，1995）认为，适当的环境管制可以促使企业进行技术革新，由技术革新带来的效益可以部分抵消甚至超过遵循环境管制所产生的成本，[①] 这便是学术界广泛关注的波特假说。

关于资源和经济增长的理论，自从奥蒂（Auty，1993）提出"资源诅咒"命题以来，即自然资源对区域经济发展究竟是"福音"还是"诅咒"，经济学家们进行了大量理论与实证探索，至今尚未形成共识。

随着中国国际、国内面临的资源环境约束加大，学术界普遍认可的是，忽视能源投入和环境约束研究经济增长绩效是不

[①] Porter M. E., Van Der Linde C. Toward a New Conception of the Environment-competitiveness Relationship [J]. Journal of Economic Perspectives, 1995, 9 (4): 97 – 118.

精确的。本书从资源环境约束下的角度出发，研究资源环境约束对中国各省区市经济增长的实质影响，有助于探究并厘清资源环境约束对中国各省区市经济绩效的实质影响，从而进一步对中国省际经济发展绩效进行客观评价，给出提升全要素生产率增长的有效路径。

虽然学术界开始重视资源环境约束与经济发展互为矛盾的事实，但采用什么方式将资源环境约束条件纳入全要素生产率模型中、全要素生产率变动的分解有没有受到资源环境的影响、影响程度如何，这些在学术界并未达成共识。例如，现有文献对资源的处理一致视为新的投入要素，但是，污染排放视为投入或产出两种不同的角度、投入与产出的可处置性上的假设，在构建生产可能性集，从而进一步建立环境技术模型时是亟待解决的理论难点之一。另外，对环境因素的统计核算问题是不易突破的又一个理论难点。例如，面源污染排放物的来源、污染量的核算以及调查范围，都给环境因素统计带来了难度。因此，研究资源环境约束下全要素生产率增长问题的实质影响，具有重大的理论意义。

2. 现实意义

"十二五"时期以来，中国每年的环境污染治理投资总额持续增长，根据国家统计局 2013 年数据库数据计算可得，2013 年中国环境污染治理投资总额已达 9516.5 亿元，比 2012年的 8253.5 亿元增加 15.3%，占 2013 年 GDP 的比重为1.67%，达到近 10 年来最高。党的十八大以来，中国特色社会主义进入新时代，中国经济由高速增长阶段转向高质量发展阶段。在面临国际、国内资源约束趋紧、环境压力增大、生态系统退化的严峻形势下，如何在生产率增长的测算框架内合理加入资源环境因素，估算中国的 30 个省区市的技术效率和全要素生产率，研究资源环境约束对全要素生产率增长的影响，对衡量各地区的经济绩效，实现资源节约、环境保护，在实施区域经济协调发展、可持续发展战略中具有重要的现实意义。

二、中外文文献研究综述

生产率理论随着经济增长理论的发展，经历了从单要素生产率到全要素生产率的发展历程，全要素生产率植根于新古典经济增长理论，是从经济增长效率角度分析经济增长源泉的重要工具。按照本书的研究思路，从以下四个方面对已有中外文文献关于全要素生产率的研究进行梳理。

（一）全要素生产率理论研究

荷兰经济学家丁伯根（Tinbergen，1942）首次提出全要素生产率（TFP）的概念，1954 年戴维斯（Davis）在《生产率核算》（*Productivity Accounting*）一书中考虑了劳动、资本等多种投入要素，研究了生产要素的投入产出比，索洛（Solow，1957）扩展了生产函数的概念，将技术进步考虑进来，并且，提出了测算全要素生产率的索洛余值法，被经济学界一致认为是关于全要素生产率研究的开创性工作。后来，众多经济学家在索洛

（Solow）模型基础上发展出更多能合理地描述经济增长的模型。代表性工作有，阿罗（Arrow，1962）提出了"干中学"模型，试图用技术外部性解释经济增长，突破新古典经济增长理论的局限性；罗默（Romer，1986）在其代表作《收益递增与长期经济增长》（*Increasing Returns and Long-Run Growth*）一书中，从内生技术进步的研究视角，探讨了经济长期增长的可能前景；卢卡斯（Lucas，1988）在《论经济发展机制》（*On the Mechanics of Economic Development*）一书中认为，人力资本是技术进步的具体化，其溢出效应能解释技术进步。20 世纪 80 年代中后期，涌现了一大批从知识、人力资本、研发活动等各个视角解释技术进步促进长期经济增长的内生增长模型。

1912 年熊彼特（Schumpeter）发表的《经济发展理论》（*The Theory of Economic Development*）首次提出了创新在经济发展中的作用。20 世纪 70 年代，石油输出国组织面临的挑战和罗马俱乐部的悲观假说，使经济学家开始将资源和环境引入经济增长理论中，以期为经济可持续发展提供解决之道。阿吉翁和豪伊特（Aghion and Howitt，1992）借助熊彼特的创新理论，将不可再生资源开采流量和污染强度引入总生产函数，将环境偏好纳入消费者效用中，分析了经济可持续增长问题。① 格里莫和罗赫（Grimaud and Rouge，2005）将环境污染和不可再生资源引入基于"创造性破坏"的新熊彼特模型中，以检验环境的外部性对经济平衡增长路径的影响。这些研究表明长期经济

---

① Aghion P. , Howitt P. A Model of Growth through Creative Destruction [J]. Econometrica, 1992, 60: 323–351.

增长问题一直是经济学家的关注热点，经久不衰，全要素生产率的研究也开始将资源环境纳入研究框架。

（二）全要素生产率测算方法

全要素生产率的测算方法大致分为参数法和非参数法，两者的区别在于测算过程中是否假设包含未知参数的生产函数形式。参数法以索洛（Solow，1957）提出的索洛余值法为代表，其基本思路是，先确定具体的生产函数，如 C-D 函数，通过回归估计未知参数，计算要素投入的索洛余值来测算全要素生产率增长。

D. W. 乔根森（D. W. Jogenson，1967）采用超越对数形式的生产函数，将资本和劳动投入的增长进行分解，并解释了生产率的变动。1977 年艾格纳·D. J.、洛弗尔·C. A. K. 和施密特·P.（Aigner D. J., Lovell C. A. K. and Schmidt P.）[1] 在法雷尔（Farrell，1957）提出的存在多种要素投入时测算厂商效率的方法基础上，构造了一种估计随机前沿生产函数（SFA）的方法。与此同时，缪森（Meeusen，1977）也独立地提出了随机前沿生产函数。SFA 方法允许技术无效的存在，并且，将全要素生产率的变化分解成生产可能性边界的移动和技术效率的变化，与传统生产函数相比，更能刻画生产和经济增长的现实。后来，应用最为广泛的随机前沿模型是由巴帝斯和科埃利（Battese and Coelli，1995）提出的。

---

[1] Aigner D. J., Lovell C. A. K., Schmidt P. Formulation and Estimation of Empirical Application Function Models [J]. Journal of Econometrics, 1997, 6 (1): 21 - 37.

C-D 函数、CES 生产函数、超越对数生产函数、随机前沿模型（SFA）等都是参数法的典型代表。其缺点是，现实经济中不能完全满足生产函数的前提假设条件。彭水军和包群（2006）运用基于向量自回归（VAR）模型的广义脉冲响应函数法，考察了中国 1985～2003 年六类环境污染指标与人均GDP 之间的长期动态影响特征，冲击响应模型的分析结果表明，经济增长是影响中国污染排放的重要原因，反过来，环境污染对经济增长也存在反向作用。李胜文和李大胜（2008）运用三投入的 SFA，对中国 34 个工业细分行业的全要素生产率增长率的特点进行了分析，得出资本密集型制造业的全要素生产率增长低于劳动密集型制造业和采掘业的主要原因，是产出弹性相对较低的中间投入及资本增长较快。匡远凤和彭代彦（2012）运用广义 M 指数与 SFA 模型相结合的方法，对中国1995～2009 年的全要素生产率增长变动状况进行了研究，认为相比传统生产效率，环境生产效率能够体现环境问题给生产效率带来的损失。陈诗一（2009）构造了中国工业 38 个二位数行业的投入产出面板数据库，利用超越对数生产函数估算了中国工业分行业全要素生产率变化并进行绿色增长核算，讨论了高能耗工业和高排放工业的可持续发展问题。总体来说，因为对生产函数特定形式的要求和假设，所以，用参数方法测算全要素生产率增长的文献不算太多。

非参数法则不需要确定包含未知参数的生产函数，直接采用多投入、多产出的模型来测算全要素生产率，代表性方法有数据包络分析法（data envelopment analysis，DEA）、指数法、

DEA-Malmquist 指数法等。

数据包络分析法（DEA）由美国著名运筹学家查恩斯·A.，库珀·W. W. 和罗兹·E.（A. Charnes，W. W. Cooper，E. Rhodes.）[1] 先提出，通过线性规划的方法估算最优的生产前沿边界，结合距离函数来测算生产效率，能解决多种投入、产出的情形，还能分解全要素生产率变动，最大的优点是不需要事先确定具体的生产函数形式，因此，也就没有估计生产函数中未知参数的问题，并且，允许存在无效率行为。

瑞典经济学家 S. 曼奎斯特（S. Malmquist，1953）先提出使用 Malmquist 指数来分析不同时期的消费变化。卡夫（Caves，1982）用 Malmquist 指数来衡量生产效率的变化，这在当时引起了很大反响。但是，在很长一段时期，对该理论的实证研究几乎消失了。直到费（Färe，1994）将 Malmquist 指数与 DEA 理论相结合，构建 Malmquist 生产率指数测算了全要素生产率增长，并结合谢泼德（Shephard）距离函数将其变动分解为技术变化和效率变化两部分，Malmquist 指数才又得以蓬勃发展至今。

钱伯斯等（Chambers et al.，1996）提出了卢恩伯格（Luenberger）生产率指标，不需要对测度角度进行选择，可以同时考虑投入减少和产出增加。钟（Chung，1997）在 Malmquist 指数的基础上加入环境因素，构建基于方向距离函数的 Malmquist Luenberger（ML）生产率指数，以考虑非期望产出来

---

① Charnes A.，Cooper W. W.，Rhodes E. Measuring the Efficiency of Decision Making Units [J]．European Journal of Operational Research，1978，6（2）：429 - 444.

测量瑞典纸浆厂的全要素生产率。托恩（Tone，2001）首次提出了非径向 SBM 模型和非角度 SBM 模型，以消除传统 DEA 径向模型在污染物处理中的缺点，从而有效地解决了线性规划的松弛问题。福山和韦伯（Fukuyama and Weber，2009）根据 SBM 模型将方向距离函数视为非径向和非角度。这些研究思路随着线性规划理论的发展而衍生出越来越多测算全要素生产率的方法，是许多实证研究的理论基础。

米勒和普瓦迪耶（Miller and Upadhyay，2000）使用来自 83 个国家的数据，探讨人力资本和贸易开放性这两个因素如何导致不同国家全要素生产率的差异。毛哇（Mulwa，2012）通过 ML 指数和方向距离函数计算出污染物排放后的农业全要素生产率，并分析了农业生产力的空间异质性。库奈姆·金和因贝·金（Kyunam Kim and Yenbae Kim，2012）考虑了工业的二氧化碳排放，并借助 DEA 方法对能源强度和能源结构进行了区分和细分，研究了两者对经济合作与发展组织（OECD）国家技术效率的影响。

有关全要素生产率的中文文献起步较晚，始于改革开放以后，史清琪（1985）测算了中国技术进步之后，国际上测度全要素生产率的方法在国内得到普及和推广。

（三）资源环境约束下全要素生产率的影响因素

在早期的全要素生产率研究中，大多未考虑自然资源和环境因素，随着全球气候变化，环境问题受到世界各国重视，学术界在研究经济增长时才慢慢纳入能源因素和环境因素。从区域视角分析的文献，有吴军与笪凤媛等（2010）用 DEA 方法测算了中国三大区域的全要素生产率、生产效率与技术进步指数，分析了环境管制对中国区域生产率增长的影响。汪侠（2015）测算了资源环境约束下中部地区与长江经济带 14 个城市的经济增长效率，发现考虑资源环境约束时，城市绿色全要素生产率较低。赵昕和崔晓丽（2015）基于 DEA-面板回归模型，测度了环境资源约束下环渤海经济圈经济增长绩效，发现能源利用和环境污染治理对经济增长绩效有显著的负向影响，不同经济基础、工业结构以及对外开放程度会影响地区经济发展速度。王冰和程婷（2019）采用 Malmquist-Luenberger 生产率指数模型测算了中国中部地区 80 个地级市 2003～2015 年的城市环境全要素生产率，分析了中国中部城市环境全要素生产率的地区差距和动态变化。邱士雷和王子龙等（2019）对 2005～2016 年资源环境约束下中国全要素生产率进行测度和实证研究，发现环境全要素生产率在此期间呈上升趋势，且全要素生产率增长具有显著的空间集聚性和空间溢出性。徐小鹰（2019）对资源环境约束下区域经济增长效率进行了测算，并在此基础上采用 Tobit 模型对经济增长效率的影响因素进行了实证分析，指出资源环境约束下中国经济增长无效率的主要原因在于污染排放严重和能源效率低。

从行业视角进行分析的文献，有陶长琪（2012）使用 SBM 模型衡量在资源和环境双重约束下的中国工业效率增长和全要素生产率增长。李谷成（2009）在考虑人力资本要素和技术非效率的前提下，使用 Malmquist 指数方法对 1988～2006 年中国区域农业全要素生产率增长进行估计和测算，认为通过制度创新来消除农业技术扩散的各种制度性障碍，可以实现农业全要素生产率增长。方福前和张艳丽（2010）用 Malmquist 指数方法，分析了区域间农业全要素生产率的差异，指出技术进步是农业全要素生产率增长的主要原因，并利用面板两阶段最小二乘法对农业全要素生产率的影响因素进行了分析。殷宝庆（2012）利用 SBM 模型测算了中国 2002～2010 年 27 个制造行业的绿色全要素生产率，探讨新型国际分工背景下环境规制会对绿色全要素生产率带来的影响，认为适度加强环境规制强度，不仅有利于保护环境，而且有利于促使制造业进行技术创新，提升制造企业的绿色全要素生产率。屈小娥（2015）使用全局 ML 指数来衡量中国工业的绿色全要素生产率，同时，考虑了能源和环境的约束。结论表明，中国工业的环境监管大大提高了企业的生产效率，此研究结论支持波特假说。政府可以通过适当的环境规制政策工具，实现环境保护与经济增长双赢的局面。刘战伟（2015）采用 Malmquist-Luenberger 指数对中国的 30 个省区市的农业全要素生产率进行测算，考察农业发展与资源、环境的协调发展关系。尹向飞和刘长石（2017）利用投入冗余（ISP）生产率指数法，研究了环境与矿产资源双重约束下的中国制造业全要素生产率，得出技术变化仍然是全要素生产率增长的主要动力。李占风和张建（2018）对资源环境约束下中国工业环境技术效率进行了实证分析，发现工业环境技术效率在空间上具有集聚特征，呈现"东高西低"的非均衡分布格局，工业环境技术效率分布的演变总体上受到邻域空间滞后类型的影响。

从影响因素角度进行研究的文献，有涂正革（2007）采用 Malmquist 指数结合 DEA 技术，研究了中国的大部分省区市大中型工业的动力，认为规模效率和技术进步的提高，是各省区市工业经济快速增长的原因。库奈姆·金和因贝·金（Kyunam Kim and Yenbae Kim，2012）考虑了工业二氧化碳排放，并借助 DEA 方法分析了能源强度和能源结构对经济合作与发展组织（OECD）国家和非经济合作与发展组织（OECD）国家技术效率的影响。程惠芳和陆嘉俊（2014）运用 1997 ~ 2010 年中国大中型工业企业面板数据，对不同区域知识资本对工业企业全要素生产率的影响进行实证分析发现，知识资本投入与企业全要素生产率具有显著正相关性，国内外技术引进和消化吸收对企业创新的作用减弱。宣烨和余泳泽（2017）利用中国 230 个城市微观企业的数据考察了生产性服务业集聚对制造业企业全要素生产率提升的影响，发现城市生产性服务业空间集聚对国有制造业企业效率提升的作用大于非国有制造业企业；对中小城市企业全要素生产率的提升作用效果不明显。张建清、龚恩泽和孙元元（2019）探讨了长江经济带环境规制对制造业全要素生产率的影响，发现强化环境规制会诱发制造业企业全要素生产率发生波动，但其通过提高技术创新水平和管理水平对全要素生产率起到间接补偿效应，环境规制对长江中上游的影响显著高于长江下游。

（四）研究述评

诸多实证研究表明，DEA 方法和 Malmquist 指数无论是在宏观层面还是在微观经济体层面的全要素生产率测算中均发挥出极大优势，备受青睐。同时，如果不考虑资源和环境约束，测算出来的全要素生产率是有偏的，从而导致经济增长绩效的衡量是不准确的。因此，随着资源和环境逐渐成为制约经济发展的两个重要因素，越来越多的国内外学者开始将这两个因素纳入传统的全要素生产率研究方法中。而当前将资源环境纳入全要素生产率增长研究框架中较为合理的是将 DEA 方法和 ML 指数相结合的做法。

梳理上述从国家层面、区域层面、行业层面各种视角的已有研究可以看到，从测算全要素生产率的方法来看，增长核算法不能考虑资源环境约束，前沿函数法对全要素生产率进行测算时对生产函数形式要求太高，传统 ML 指数法对全要素生产率进行测算时，参考集的选择不同，会导致结果不具有可比性，使用共同参考集计算 GML 指数进行研究的文献不多；从研究对象角度来看，因为数据的可获得性和可比性等原因，所以，中文文献主要关注中国国内地区和行业之间的全要素生产率研究，而对国际经济体之间的比较研究很少。从全要素生产率影响因素的实证分析来看，中文文献构建普通的面板模型对全要素生产率的影响因素进行实证研究的较多，而用先进的非线性模型、空间计量模型进行分析的很少。因此，资源环境约束下全要素生产率研究还有很大探索空间，本书尝试在已有研究基础上，从测算方法的改进、实证模型的选择以及经济体量的比较方面进行拓展。

三、研究内容、研究方法和研究框架

（一）研究内容

资源的分配和利用效率的高低，直接影响经济绩效的质量。高能耗、低产出，高投入、低效率始终是中国经济增长过程中不可忽视的问题。本书研究的总目标是，在面临经济增长和节能减排双重压力的现实背景下，对资源环境约束下的中国全要素生产率增长问题进行规范分析和实证分析。本书主要解决以下四个问题。

第一，对全要素生产率的建模和测算方法上进行理论突破，解决现有研究中污染指标如何选取、环境污染如何纳入全要素生产率研究框架等没有达成一致的问题。

第二，将资源因素和环境因素同时纳入生产率分析框架中，测算中国的 30 个省区市的全要素生产率增长绩效，对中国的经济增长进行实证研究。

第三，考虑资源环境约束下中国的 30 个省区市全要素生产率增长的影响因素，分析中国各省区市之间的全要素生产率增长源泉及其差异，分析增长有无趋同的趋势。试图从提升工业全要素生产率增长的角度，探讨提升省际全要素生产率增长的路径。

第四，从国际视角探求经济增长差异的主要来源是要素积累还是全要素生产率差异，并进一步剖析资源环境约束对不同经济体的不利影响，明晰中国全要素生产率提升的方向。

本书拟从三个子目标进行探讨：一是将资源环境约束纳入

生产率研究框架，对中国各省区市的全要素生产率及其增长进行测算；二是分析中国各省区市全要素生产率的收敛性以及影响全要素生产率增长的因素，分别从产业结构调整、制度变迁等角度，结合中国各省区市具体的资源禀赋、技术进步以及制度因素等进行实证分析，之后，再分析中国各省区市工业全要素生产率对省际全要素生产率的影响，以工业为突破口寻找提升中国各省区市全要素生产率的路径；三是对比国际经济体，测算各国的全要素生产率增长，建立计量模型对全要素生产率增长差异的影响因素进行定量分析，为中国经济全要素生产率增长因素及提高途径的研究、实现可持续发展提供政策建议。

拟研究的重点有三个方面：一是估算资源环境约束对全要素生产率增长问题的影响；二是分析全要素生产率增长的影响因素，给出提高全要素生产率的路径；三是分析中国在经济增长和节能减排双重压力下如何实现可持续发展。

（二）研究思路、研究方法与技术路线

本书考虑资源环境约束下，使用数据包络分析法和 GML 指数结合的方法，测算了省际全要素生产率和中国各省区市的工业全要素生产率，并用空间计量模型分析了省际全要素生产率的收敛性。在此基础上，分析了工业全要素生产率与省际全要素生产率的关系，对资源环境约束下中国各省区市的工业全要素生产率增长路径进行了探讨，为工业转型升级，提升省际全要素生产率增长提供理论依据。对比国际经济体，测算了资源环境约束下中国和经济合作与发展组织（OECD）国家的全要素

生产率，对其动态差异进行了对比分析，对影响全要素生产率差距的因素进行了实证研究，以期为中国实现稳定而持续的经济增长提供参考。

本书将围绕研究总目标，对资源环境约束下的全要素生产率增长问题进行规范分析和实证分析，主要运用经济计量分析、统计方法结合线性规划等数学方法综合分析中国省际全要素生产率增长的大小和影响因素。本书研究的技术路线，见图0-1。

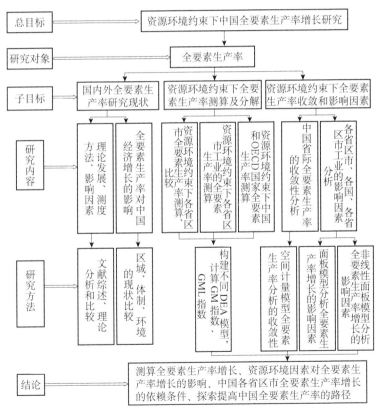

图 0 - 1　本书研究的技术路线

（三）本书结构安排

根据以上研究思路，本书主要分为七章。

第一章，全要素生产率的相关理论。首先，对全要素生产率的定义进行了规范梳理，从全要素生产率与经济增长之间的关系、全要素生产率的内涵界定、全要素生产率的影响因素三个方面进行了全面阐述；其次，从参数估计法、非参数估计法两条途径对全要素生产率的测度方法进行了梳理总结，发现随机前沿生产函数法、数据包络分析法仍是研究全要素生产率的主流方法；最后，对中外文献研究现状进行了述评。

第二章，资源环境约束下中国省际全要素生产率增长的测算研究。首先，对全要素生产率的测算方法进行了详细梳理，说明选择用 DEA 模型测算全要素生产率及其增长的原因。在此基础上，将资源环境约束纳入全要素生产率的分析框架中，运用 2004～2017 年中国的 30 个省区市的面板数据，利用方向性距离函数构建了 GML 指数，以此来度量在资源环境约束下中国各省区市的全要素生产率增长，对其进行分解，并对有无约束的情形进行了对比研究，分析其动态增长特征和增长源泉。其次，测算了资源环境约束下中国省际技术效率，从静态视角分析了中国各省区市及东中西部三大区域技术效率的时序特征、区域差异。

第三章，资源环境约束下中国省际全要素生产率的收敛性研究。首先，从理论上梳理了收敛假说和收敛机制；其次，对研究收敛的方法进行了说明，在此基础上，用空间计量模型分析了资源环境约束下省际全要素生产率的绝对收敛、条件收敛，基于动态视角，研究了省际全要素生产率增长的趋同情况。

第四章，资源环境约束下中国省际全要素生产率增长的影响因素研究。首先，在分析了要素质量变动、知识进步、资源配置、制度影响、规模作用、资源环境因素对技术效率的影响机制之后，以省际技术效率为研究对象，讨论了这些因素对技术效率及其变化的影响；其次，结合第二章测算出的 GML 指数和面板模型，从静态的技术效率和动态的全要素生产率增长两个方面的差异着手，探讨了引起地区间全要素生产率增长差异较大的原因。

第五章，资源环境约束下工业对省际全要素生产率增长的影响。工业是推动中国各省区市经济发展的主要产业，同时，也是能源消耗和污染排放的重要来源，在实现绿色发展中承担着主体责任，因此，本章重点分析资源环境约束下工业对省际全要素生产率增长的影响。首先，测算了 2004～2017 年中国各省区市的工业全要素生产率；其次，分析了工业全要素生产率的增长特征以及与省际全要素生产率的关系；最后，用面板平滑转换（PSTR）模型研究了资源环境约束对中国各省区市的工业全要素生产率增长的非线性影响效应，探讨了推进新型工业化进程中提升中国各省区市的全要素生产率增长的路径，以增强区域发展协调性。

第六章，资源环境约束下全要素生产率增长的国际比较分析。中国经济保持中高速增长，国际影响力日益增大的同时，承担着更大的资源环境压力，本章从国际视角比较了资源环境约束下国家之间全要素生产率增长的差异性以及动态变化特征。首先，在加入资源环境约束因素的框架下，测算了 2001～2013 年包含中国在内的 20 个国家的 GML 指数及其分解因子，对各经济体全要素生产率增长的速度、质量进行了对比分析；其次，用面板二值选择模型对全要素生产率增长的影响因素进行实证分析，探讨全要素生产率增长差异的原因。

第七章，结论和展望。对全书进行总结，为中国在经济增长和节能减排双重压力下如何提高全要素生产率、实现可持续发展给出政策建议，并指出进一步的研究方向。

四、基本观点以及创新点

（一）本书的基本观点

（1）如果全要素生产率仅考虑劳动力、资本和其他生产要素投入的约束，而没有考虑资源和环境的约束，那么，社会福利变化和经济绩效的评价就会产生偏差，这会误导政策建议，因此，要将资源环境引入生产率研究框架中。

（2）中国东中西部地区[①]的全要素生产率增长差异显著，其

---

① 根据国家统计局地区数据的划分，东部地区包括北京、天津、河北、辽宁、上海、江苏、浙江、福建、山东、广东、海南 11 个省（市）；中部地区包括山西、吉林、黑龙江、安徽、江西、河南、湖北、湖南 8 个省；西部地区包括内蒙古、广西、重庆、四川、贵州、云南、西藏、陕西、甘肃、青海、宁夏、新疆 12 个省（区市）。因为数据可得性限制，所以，中国东中西部地区未包括中国的西藏自治区。

中，东部地区和西部地区的平均生产率提高，而中部地区的平均生产率降低。从全要素生产率增长源泉来看，技术进步主导了中国全要素生产率增长，是其主要来源。全国、东部地区、中部地区的全要素生产率增长都存在绝对 β 收敛，增长差距在逐步缩小，而西部地区不存在绝对 β 收敛，西部各省区市之间的发展不均衡，增长差距仍然存在。东中西部地区的全要素生产率增长以不同的收敛速度逐步收敛到各自的均衡水平。

（3）工业全要素生产率增长与省级行政区全要素生产率增长为高度正相关关系。资源环境对工业全要素生产率增长的门槛效应是存在的，具有非线性特征。由此得出，对位于不同区制的工业企业区别对待，采用不同的能源结构升级、环境规制政策，刺激企业进行技术创新，可以从不同路径促使工业全要素生产率增长，从而带动本省区市的全要素生产率增长，打破资源诅咒，实现经济和环境双赢的"波特假说"。

（4）在资源环境约束日趋强化的大环境下，不论是从国内视角还是从国际视角，以下都是全要素生产率提高的有效途径：合理配置要素资源，从微观上提高劳动力的劳动生产率；优化能源结构，有效地利用能源，改善环境污染，兼顾经济发展方式，向"高效率、低能耗、低排放"转型；激发经济主体加强有效的科技研发力量、加强环境友好技术的创新，推动技术进步、促进效率改善；优化国际贸易结构，推动外资因素对经济增长的促进作用，确保引进外资的质量，以带动中国企业学习先进的生产技术、管理经验，促进技术进步。

（二）创新之处

本书试图从以下三个方面对已有研究进行扩展。

（1）在测算方法上。本书使用全局 DEA 线性规划模型、非径向、非角度的 SBM 模型、方向性距离函数与全局 Malmquist 指数法结合，利用最新数据对资源环境约束下中国各省区市的全要素生产率进行再测算，用 GML 指数度量全要素生产率增长，从测算方法上避免了传统 Malmquist 指数和仅纳入环境约束的 ML 指数对全要素生产率进行测算时，VRS 模型无可行解问题、当期 ML 指数造成技术进步的不连续性以及序列 ML 不具有传递性的问题。GML 指数不仅具备传递性，分解时更合理。

（2）在研究视角上。加入了空间关联因素，用空间计量模型检验了全要素生产率的收敛性，进一步用非线性模型 PSTR 对全要素生产率的影响因素进行实证研究，从提升工业全要素生产率增长的角度探讨提升省际全要素生产率增长的路径。研究视角具有创新性，而且，PSTR 模型能更合理地描述经济增长中各因素指标的关系，研究结论更具有可操作性。

（3）在经济体量上。对比国际经济体，在全要素生产率的驱动因素研究方面结合中国实际，考虑到技术进步、规模效率、配置效率、人口红利等方面，全要素生产率变动分解得更实际、更全面。

第一章　全要素生产率的相关理论

第一节　全要素生产率的理论发展

一、全要素生产率与经济增长

全要素生产率（TFP）的增长不仅是衡量经济增长质量常用的一种指标，也是分析经济增长动力的一种重要工具。它植根于新古典经济增长理论，伴随经济增长理论的发展进程，全要素生产率的理论发展大致经历了以下四个阶段。

（一）全要素生产率与古典经济增长理论

在古典经济增长理论中，更加强调资本、劳动和土地这些投入要素的作用，单要素生产率得到经济学家们更多认同，尤其是劳动生产率和资本生产率。古典经济增长理论的主流学派代表人物有亚当·斯密（Adam Smith）、大卫·李嘉图（David Ricardo）、约翰·斯图亚特·穆勒（John Stuart Mill）等。其中，亚当·斯密最早论述了经济增长问题，在其经典著作《国民财富的性质和原因的研究》（*An Inquiry into the Nature and Cause of the Wealth of Nation*）中提出了增加生产性劳动者的数目、提高劳动者的生产率是促进人均国民收入增长的两个基本因素。

大卫·李嘉图认为，追逐利润是经济发展的动力，资本积累是财富增长的根本原因，技术进步可以提高劳动生产率；并从国际视角注意到，在国际范围内发展对外贸易、促进国际分工能提高劳动生产率，这一经济发展思想基本上沿袭了亚当·斯密的理论。

约翰·斯图亚特·穆勒则认为，劳动、资本、自然所提供的材料和动力是任何社会生产都必须具备的，其主要观点有两点：一是通常决定生产规模、就业和劳动效率的是资本而不是劳动力；二是产量的增加不仅与投入多少生产要素有关，还取决于生产要素的生产效率，而工人的智力是影响劳动生产率的一个最重要的因素。

（二）全要素生产率与现代经济增长理论

1948 年，哈罗德（Harrod）在《动态经济学导论》（*Introduction to Economic Dynamics*）一书中，使用动态分析方法来分析维持长期经济增长所需的条件，被认为是第一个定量研究经济增长问题的方法。同期，美国经济学家多马（Domar）也运用长期、动态的分析方法来研究均衡增长的条件和途径。学者们一致认为，哈罗德－多马模型使用数学工具建立规范模型来研究经济增长以及影响经济增长的变量，这是经济增长理论的第一次革命。现代经济增长理论正是以这种定量的经济增长模型为基础的研究。

哈罗德－多马模型的基本假设有七点。

第一，全社会只生产一种产品；

第二，生产要素只有资本和劳动两种，并且不能互相替代，生产函数为：

$$Y = F(K, L) = \min(K/\alpha, L/\beta) \qquad (1-1)$$

第三，不存在技术进步、资本折旧，生产规模报酬不变；

第四，储蓄是国民收入的函数，即 $S = sY$；

第五，劳动力供给增长率保持不变。

第六，没有技术进步，也没有资本折旧，即每年的新投资都转化为资本存量增加。如果用 I 表示投资量，ΔK 表示资本增量，有：

$$I = \Delta K \qquad (1-2)$$

第七，资本产出率保持不变，即：

$$v = K/Y = \Delta K/\Delta Y \qquad (1-3)$$

基于以上假设，并根据凯恩斯的经济理论，当经济达到均衡时，总供给等于总需求：

$$C + I = C + S \qquad (1-4)$$

简化得到：

$$I = S \qquad (1-5)$$

最后，得到实际产出增长率为：

$$G_A = \Delta Y/Y = s/v \qquad (1-6)$$

即实际产出的增长率，是由实际储蓄率和实际资本产出比率决定的。

从以上推导过程可以看出，哈罗德－多马模型非常重视资本积累在经济增长中的作用。之后，经济增长理论模型的发展方向正是将该模型中涉及的资本产出比、储蓄率、技术进步速度和人口增长率这几个外生变量进行内生化。因此，哈罗德－多马模型被一致认为是经济增长理论模型内生化进程的起点。

美国经济学家索洛（1956）最早对哈罗德－多马模型提出质疑，他注意到先进工业化国家的实际发展中，在没有增加投资的情况下，经济增长率也并未下降，索洛就此认为这种现象的背后其实是技术进步在产生作用。于是，就有了新古典经济增长理论，由美国经济学家索洛（1956）和英国经济学家斯旺（1956）修正了生产函数是固定的这一假设后，独立提出的。

将劳动变量和技术变量纳入模型的新古典增长模型，肯定了技术进步对经济增长的决定性作用，一方面，与哈罗德－多马模型相比，这是一个极大进步；另一方面，技术的外生性假设，使该理论的解释力和政策含义大大降低了。

此后，许多经济学家根据存在的问题修改了索洛模型，并相应地构建出一些更合理的数学模型来描述实际的经济增长。阿罗（1962）提出了"干中学"模型，以技术外部性来解释经济增长。但是，在"干中学"模式中，社会的技术进步率最终取决于外生的人口增长率。

（三）全要素生产率与新经济增长理论

在新古典经济增长理论的基础上，新经济增长理论将技术进步内生化，考虑了知识因素和人力资本因素，强调了对外贸易的重要性，认为内生技术进步可以解释一个国家的长期经济增长和不同国家经济增长率的差异，因此，该理论也被称为内生经济增长理论。

自 20 世纪 80 年代中期以来，以罗默（Romer，1986）和卢卡斯（Lucas，1988）等为代表，一致认为技术进步是经济长期增长的主要源泉。罗默（Romer，1986）提出的知识溢出模型中，认为知识资本的投资和物质资本的投资都有边际收益递减的性质。如果知识能够不断积累，那么，内生性技术进步将使经济实现长期增长。知识溢出模型克服了阿罗（Arrow，1962）"干中学"模型中制造商技术外部性的缺陷。

卢卡斯（Lucas，1988）在解释技术进步对于内生经济增长模型的作用时更重视人力资本的溢出效应，认为人力资本是技术进步的具体化，是经济增长的真正源泉。巴罗和萨拉·伊·马丁（Barro and Sala-I-Martin，1995）则将技术进步聚焦在研发活动上，认为技术进步是企业为了最大限度地获取利润而进行有目的地研发的直接结果。也就是说，研究与开发的收益如果大于投入成本，则企业将积极从事研究与开发活动。不过，熊彼特（1934）指出，在技术进步过程中，高质量的产品将淘汰劣质的产品，这就是"创造性破坏"过程。

内生增长模型经历了从知识、人力资本、研发活动的角度，还有从劳动分工、人口变化、制度等角度来解释经济长期持续增长的过程。

（四）资源、环境约束下的经济增长理论

以斯蒂格利茨（Stiglitz，1974）、索洛（Solow，1974）等

为代表，分析了新古典增长模型框架下的经济最优增长路径，并分析了资源的最优开发，初始资源存量和资本将对长期经济增长水平产生影响，但不会影响经济增长率。长期经济增长的动力主要还是来自技术进步。在模型中，都认为技术进步是由外在因素推动的，这引起了广泛争议。

在 20 世纪 80 年代中期和后期，出现以卢卡斯（Lucas，1988）、罗默（Romer，1990）、格罗斯曼和赫尔普曼（Grossman and Helpman，1991）、阿吉翁和豪伊特（Aghion and Howitt，1992）为代表的内生增长模型后，一些经济学家将资源引入了生产函数，并讨论了内生经济增长框架下的资源、经济增长和可持续发展问题。代表性的研究，包括罗伯森（Robson，1980）在乌萨瓦（Uzawa，1965）的模型基础上介绍了不可再生资源的模型，强调非竞争性的技术进步才是增长的动力。格里莫和罗赫（Grimaud and Rouge，2003）假定技术进步取决于研发和现有创新的劳动力，建立了新的熊彼特模型，阿永（Ayong，2001）在污染与产量成正比的假设下，建立了可再生资源的经济增长模型。

二、全要素生产率的内涵界定

1942 年，荷兰经济学家丁伯根（Tinbergen）首次提出了全要素生产率的概念，同期，美国经济学家 G. J. 斯蒂格特（G. J. Stigter）也独立地提出了全要素生产率，学界一致认为，两者共同开创了全要素生产率研究的新领域。20 世纪 50 年代，全要素生产率的定量研究逐渐兴起，1957 年，索洛假定希克斯中性技术进步和规模报酬不变，拓展了生产函数的概念，并提出了著名的索洛残差法[①]来测算全要素生产率。后来，很多经济学家，如乔根森（Jorgenson）、丹尼森（Denison）、费希尔（Fisher）、查尼斯（Charnes）、艾格纳（Aigner）等在此基础上加以完善。诺贝尔经济学奖获得者丹尼森（1967）在其著作《美国经济增长的源泉》（*The Source of American Economic Growth*）中提出，要素投入增加和生产率提高是经济增长的两大主要来源，并强调知识进步促进经济增长的重要作用，因为教育能提高劳动者的质量。乔根森（Jorgenson，1967）则利用超越对数生产函数的形式，把总量产出、资本与劳动投入进行了细致分解，认为延长劳动时间和提高劳动者质量可以实现劳动的增加。[②]

显然，全要素生产率内涵不同，必然导致测算结果差异。被广泛认可的一种观点是，全要素生产率是衡量包括资本、劳动、能源等所有要素投入产出效率的指标，全要素生产率的提高是技术进步、技术效率提高和要素分配效率提高的结果。

技术效率的概念表示，生产者是否可以在当前技术水平的前提下，达到理论上的最大产量，是衡量生产者生产能力的一个指标，在 20 世纪 50 年代由科普曼斯（Koopmans）、德布勒（Debreu）和谢泼德（Shephard）等提出。进一步地，班克、

① Solow，Robert M. Technical Change and Aggregate Production Function［J］. Review of Economics and Statistics，1957，39（3）：312 - 320.

② Jorgenson，Dale W.，Zvi Grillches. The Explanation of Productivity Change［J］. Review of Economic Studies，1967，34（3）：249 - 283.

查尼斯和库珀（Banker, Charnes and Cooper, 1984）提出了
BCC 模型[①]，将技术效率分解为纯技术效率（PEC）和规模效率
（SEC）。纯技术效率是指，每个决策单位考虑规模报酬的情况
下，在给定投入下实现最大产出的能力。规模效率是指，决策单
位偏离固定规模收益的程度。BCC 模型成为后续众多学者研究全
要素生产率增长时，对技术效率进行分解的理论依据。

第二节　全要素生产率的测度方法

一、代数指数法

代数指数法通过比较产出量指数和所有投入因子的加权指数
来衡量全要素生产率。由阿布拉姆维茨（Abramvitz, 1956）
提出。

如果 P_t 表示产品价格，Y_t 表示产量，K_t 表示资本投入量，
L_t 表示劳动投入，r_t 表示资本价格，s_t 表示工资率，那么，投
入总成本可表示为 $r_t K_t + s_t L_t$。在假定完全竞争和规模收益不变
时，有如下关系：

$$P_t Y_t = r_t K_t + s_t L_t \qquad (1-7)$$

---

①　Banker R. D. , Charnes A. , Cooper W. W. Some Models for Estimating Technical and Scale Inefficiencies in Data Envelopment Analysis ［J］. Management Science. 1984, 30（9）: 1078 - 1092.

如果引入技术进步因素后，式（1-7）可变为：

$$P_0 Y_t = TFP_t [r_0 K_t + s_0 L_t] \qquad (1-8)$$

在式（1-8）中，r_0，s_0 和 P_0 为基期变量，TFP_t 为全要素生产率。于是，由式（1-8）可得：

$$TFP_t = \frac{P_0 Y_t}{r_0 K_t + s_0 L_t} \qquad (1-9)$$

式（1-9）是用代数指数法表示的全要素生产率。

后来，还有其他衡量全要素生产率的指数方法陆续出现，如托恩奎斯特（Tornqvist）指数法、帕系（Pasche）指数法、费希尔（Fisher）指数法和拉斯佩尔（Laspeyres）指数法等。代数指数法的缺陷在于，它假定劳动力和资本是完全可替代的，边际生产率是不变的，而且，不能分解全要素生产率指数，因此，在实证分析中很少使用。

二、索洛残差法

索洛（Solow，1957）残差法的思想是，在估算出总量生产函数后，采用产出增长率与各种投入要素增长率后的残差作为全要素生产率的增长率。在具体计算全要素生产率时，经常使用 C-D 生产函数、超越对数生产函数及常替代弹性生产函数等形式。以 C-D 生产函数为例：

$$Y_t = A K_t^{\alpha} L_t^{\beta} \qquad (1-10)$$

Y_t 表示产出，K_t 表示资本存量，L_t 表示劳动投入，α、β 分别表示资本和劳动的投入产出弹性系数。

对 C-D 生产函数的两边同时取自然对数可以得到：

$$Ln(Y_t) = Ln(A) + \alpha Ln(K_t) + \beta Ln(L_t) + \varepsilon_t \quad (1-11)$$

ε_t 表示误差项。如果规模报酬率保持不变，$\alpha + \beta = 1$，那么有：

$$Ln(Y_t/L_t) = Ln(A) + \alpha Ln(K_t/L_t) + \varepsilon_t \quad (1-12)$$

对于式（1-12），可以使用 OLS 方法对其进行估算，求出 α、β，然后，将其代入，便可以得到全要素生产率增长率公式：

$$dA/A = dY_t/Y_t - \alpha dK_t/K_t - \beta dL_t/L_t \quad (1-13)$$

由此即可算出全要素生产率增长率。

索洛残差法是研究经济增长来源的开创性方法，但是，现实中并不完全具备诸如完全竞争、规模收益不变和希克斯中性技术进步这些假设条件，其缺点在于不能对全要素生产率进行分解，测算误差的影响无法剔除等。

三、随机前沿分析法

考虑到生产者行为受到各种随机因素干扰，艾格纳·D. J.，洛弗尔·C. A. K. 和施密特·P. （Aigner D. J.，Lovell C. A. K. and Schmidt P. ）[①]，缪森（Meeusen，）和范登·博雷克（Van Den Broeck，1977）分别独立提出了随机前沿方法（SFA），其中，

---

① Aigner D. J.，Lovell C. A. K.，Schmidt P. Formulation and Estimation of Empirical Application Function Models［J］. Journal of Econometrics，1977，6（1）：21 - 37.

在当前应用较为广泛的是巴帝斯和科埃利（Battese and Coelli, 1995）提出的随机前沿模型。[①] 假设 SFA 生产函数为：

$$y_{it} = f(x_{it}, t) \exp(v_{it} - u_{it}) \quad i = 1, \cdots, N \quad t = 1, \cdots, t \quad (1-14)$$

在式（1-14）中，y_{it} 表示样本 i 第 t 年的产出，$f(x_{it}, t)$ 为前沿生产函数中的确定性产出部分，x_{it} 表示样本 i 第 t 年的投入。v_{it} 表示随机噪声项，$v_{it} \sim N(0, \sigma_v^2)$，$u_{it} \geq 0$ 为随时间变动的生产无效率项，v_{it} 和 u_{it} 相互独立。

将 $f(x_{it}, t)$ 关于时间趋势 t 求导，得到：

$$\frac{d\ln f(x, t)}{dt} = \frac{\partial \ln f(x, t)}{\partial t} + \sum_i \frac{\partial \ln f(x, t)}{\partial x_i} \frac{dx_i}{dt} = \frac{\partial \ln f(x, t)}{\partial t} + \sum_i \varepsilon_i \dot{x}_i$$
$$(1-15)$$

ε_i 表示要素 x_i 的产出弹性，$\dot{x}_i$ 表示要素 x_i 的变化率。

将生产函数两边同时取对数后，对时间 t 进行全微分可得：

$$\dot{y} = \frac{d\ln y}{dt} = \frac{d\ln f(x, t)}{dt} - \frac{du}{dt} = \frac{\partial \ln f(x, t)}{\partial t} + \sum_j \varepsilon_j \dot{x}_j - \frac{du}{dt}$$
$$(1-16)$$

按照增长核算法，TFP 的增长为：

$$\dot{TFP} = \dot{y} - \sum_j s_j \dot{x}_j \quad (1-17)$$

在式（1-17）中，s_j 是要素 j 在总成本中的份额，$\sum_j s_j = 1$。在利润最大化时，要素的产出弹性 $\varepsilon_j = s_j$。

将式（1-16）代入式（1-17）：

① Battese E. , Coelli T. A Model of Technical Inefficiency Effects in Stochastic Frontier Production for Panel Data [J]. Empirical Economics, 1995 (20): 325-332.

$$\dot{TFP} = \dot{y} - \sum_j s_j \dot{x}_j = \frac{\partial \ln f(x,t)}{\partial t} + \sum_j \varepsilon_j \dot{x}_j - \frac{du}{dt} - \sum_j s_j \dot{x}_j$$

$$= \frac{\partial \ln f(x,t)}{\partial t} + \left(-\frac{du}{dt}\right) + (RTS - 1)\sum_j \lambda_j \dot{x}_j + \sum_j (\lambda_j - s_j)\dot{x}_j$$

$$(1-18)$$

在式（1－18）中，$RTS = \sum_j \varepsilon_j$，它反映的是要素 j 在前沿生产函数中的相对产出弹性。

根据式（1－18）中的全要素生产率变动最终可以分解为：右边第一项为技术进步（TP）、第二项为技术效率（TE）变化、第三项规模经济性 $\left[SE = (RTS - 1)\sum_j \lambda_j \dot{x}_j\right]$ 和第四项能源配置效率 $\left[AE = \sum_j (\lambda_j - s_j)\dot{x}_j\right]$，即 $\dot{TFP} = TP + TE + AE + SE$。

随机前沿生产函数的最大优点，是通过估计生产函数来描述个体的生产过程，从而可以控制技术效率的估计，并且，可以很好地处理随机干扰和测量误差。但是，其缺点是需要预先设置函数形式，此方法只适用于单产出的情形，不能处理多投入、多产出的情形。

四、数据包络分析法

查尼斯·A. 和库珀·W. W.（Charnes A. and Cooper W. W.，1978）提出了数据包络分析（DEA）方法[①]，是集数学、运筹

---

① Charnes A., Cooper W. W., Rhodes E. Measuring the Efficiency of Decision Making Units [J]. European Journal of Operational Research, 1978, 6 (2): 429 –444.

学、数量经济学和管理科学于一体的交叉领域。DEA 方法通过线性规划理论构造最佳生产实践的生产边界，然后，通过生产点与边界之间的距离来计算生产单元的相对效率。DEA 方法不需要事先构建特定的生产函数形式，也不需要标准化各种输入变量和输出变量，采用线性规划方法构造生产前沿，根据相关数据自动评估效率和权重，因此，它是更方便的生产率分析工具。在处理多个投入和多个产出的情况下，DEA 方法具有优于传统参数方法的绝对优势。

Malmquist 指数是由关于投入产出的距离函数来定义的，是瑞典经济学家、统计学家斯坦·马尔姆奎斯特（Sten Malmquist，1953）提出来的，用来分析不同时期的消费变化。R. 费、格罗斯科普夫、林德格伦和罗斯（R. Fare，Grosskopf，Lindgren and Ross）将 Malmquist 的思想用到了生产分析上。R. 费、格罗斯科普夫、诺里斯和张（R. Fare，S. Grosskopf，Norris and Zhong，1994）建立了 Malmquist 生产率指数用来考察全要素生产率增长，然后，应用谢泼德（Shephard）距离函数将全要素生产率分解为技术进步变化与技术效率变化。

具体来说，利用数据包络分析方法来计算 Malmquist 生产率指数，主要是计算距离函数，涉及以下三个概念。

（一）生产技术集

通过在构建生产技术集时加入期望产出和非期望产出，可以将资源因素和环境因素在生产率测算框架中纳入进来，纳入后的生产技术集也称为环境技术集，是在投入 x 一定的情况下，由最大期望产出 y 与最小非期望产出 b 组成的生产可能性集合。假设每个决策单元使用 N 种投入 $x = (x_1, x_2, \cdots, x_N) \in R_N^+$，生产 M 种期望产出 $y = (y_1, y_2, \cdots, y_M) \in R_M^+$，并排放 I 种非期望产出 $b = (b_1, b_2, \cdots, b_I) \in R_I^+$。于是，在每一个时期 t 第 k 个决策单元的投入产出可以记为 $(x^{k,t}, y^{k,t}, b^{k,t})$，其中，$t = 1, \cdots, T, k = 1, \cdots, K$。此时，环境技术集模型为：

$$P^t(x^t) = \{(y^t, b^t) : \sum_{k=1}^{K} z_k^t y_{km}^t \geq y_m^t, \forall m;$$

$$\sum_{k=1}^{K} z_k^t b_{ki}^t = b_i^t, \forall i; \sum_{k=1}^{K} z_k^t x_{kn}^t \leq x_n^t, \forall n; \sum_{k=1}^{K} z_k^t = 1, z_k^t \geq 0, \forall k\}$$

$$(1-19)$$

z_k^t 表示每一个横截面指标观测值的权重，如果权重变量 $z_k^t \geq 0$ 且和为 1，那么，表示生产技术规模报酬①（VRS）是可变的；如果两个条件中和不为 1，那么，表示不变规模报酬（CRS）。环境技术集需要满足的假设主要有以下三点②。

（1）如果 $(y^t, b^t) \in P^t(x^t)$ 且 $b^t = 0$，那么，$y^t = 0$。此假设表明，当"坏"产出为 0 时，一定有"好"产出也为 0，这意味着，当生产"好"产出的同时，也肯定有"坏"产出。这一假设也被称为非期望产出和期望产出的零和公理，它确保了生产技术集的前沿能通过原点。

---

① 规模报酬，又称规模收益，指当要素以相同比例变化时，收益的变化状态。当产出增加的比例等于各种投入要素增加的比例时，称为规模报酬不变；当产出增加的比例比投入要素增加的比例高（低）时，为规模报酬递增（减）。

② 成刚. 数据包络分析方法与 MaxDEA 软件 [M]. 北京：知识产权出版社，2014.

（2）如果（y^t，b^t）$\in P^t$（x^t）且 $0 \leqslant \theta \leqslant 1$，那么，（$\theta y^t$，$\theta b^t$）$\in P^t$（$x^t$）。这表明，投入一定时，要减少"坏"产出，"好"产出也会减少，也就是说，"坏"产出的减少是有成本的，这个假设保证了生产技术集的边界是凸性的。[①]

（3）如果 $x_1^t \geqslant x_2^t$，那么，P^t（x_1^t）$\supseteq P^t$（x_2^t）；如果（y_1^t，b^t）$\in P^t$（x^t）且 $y_1^t \geqslant y_2^t$，那么，（y_2^t，b^t）$\in P^t$（x^t）。

（二）距离函数

基于生产技术集 P（x）上，传统的距离函数定义为：

$$d_0(x, q) = \min\{\delta : (q/\delta) \in P(x)\} \qquad (1-20)$$

根据关于技术集的公理，可以推出 d_0（x，q）的一些简单性质：

（1）对于任意非负的 x，有 d_0（x，0）$=0$；

（2）d_0（x，q）关于 q 非递减，关于 x 非递增；

（3）d_0（x，q）关于 q 是线性齐次的；

（4）d_0（x，q）关于 q 是凸性的，关于 x 是拟凸性的；

（5）如果 $q \in P$（x），那么，d_0（x，q）$\leqslant 1$；

（6）如果 q 在生产性技术集的"前沿"上，那么，d_0（x，q）$=1$。

经典的 DEA 方法测度效率是围绕径向和角度展开的。基于角度的测度，需要我们设定测度导向是以投入为导向还是产出为导向，不能同时从产出和投入两个角度进行测度。而基于

---

① 成刚，数据包络分析方法与 MaxDEA 软件［M］. 北京：知识产权出版社，2014.

径向的测度，在测量无效率的程度时，只包含了所有投入或产出按照等比例缩小或增加时的影响，无法进行测度松弛变量造成的影响。托恩 K. （Tone K.，2001）提出了一种可以解决松弛问题的非角度、非径向的测度方法（Slack-based measure，SBM）。[1] 福山（Fukuyama，2009）进一步将方向性距离函数与 SBM 综合，使测度技术效率更为准确。

根据福山和韦伯（Fukuyama and Weber）的研究，将同时考虑投入和"好"产出的效率损失函数定义为：[2]

$$\vec{S}_v^t(x^{t,k'}, y^{t,k'}, g^x, g^y) = \max_{s^x, s^y} \frac{\frac{1}{N}\sum_{n=1}^{N}\frac{s_n^x}{g_n^x} + \frac{1}{M}\sum_{m=1}^{M}\frac{s_m^y}{g_m^y}}{2}$$

$$s.t. \sum_{k=1}^{K} z_k^t x_{kn}^t + s_n^x = x_{k'n}^t, \forall n; \sum_{k=1}^{K} z_k^t y_{km}^t - s_m^t = y_{k'm}^t, \forall m;$$

$$\sum_{k=1}^{K} z_k^t = 1, z_k^t \geq 0, \forall k; s_n^x \geq 0, \forall n; s_m^y \geq 0, \forall m$$

$$(1-21)$$

上述模型研究并测量了决策单元 DMU 的技术无效率水平：无效率水平与 SBM 距离函数值、投入松弛的程度和产出松弛的程度正相关。假如被测度单元生产技术领先，处在前沿面上，此时，必然有松弛向量为 0，目标函数为 0。SBM 方向性距离函数与传统的方向性距离函数一样，值越高，效率水平越低，是一个表示无效率水平的指标。通过求解该线性规划方程，我们可以在

---

① Tone K. A Slacks-based Measure of Efficiency in Data Envelopment Analysis [J]. European Journal of Operational Research, 2001, 130: 498-509.

② Fukuyama H., W. L. Weber. A Directional Slacks-based Measure of Technical Inefficiency [J]. Socio-Economic Planning Sciences, 2009, 43 (4): 274-287.

考虑环境因素的情况下得出中国各省区市的无效比值。

（三）生产率指数

1. Malmquist 指数

费等（Färe et al.，1994）提出的 Malmquist 指数是在距离函数基础上定义的，测算生产效率的早期方法是利用 Shepard 距离函数来定义的 Malmquist 指数：

$$M_{t,t+1} = \left[\frac{D_t(X_{t+1}, Y_{t+1})}{D_t(X_t, Y_t)} \times \frac{D_{t+1}(X_{t+1}, Y_{t+1})}{D_{t+1}(X_t, Y_t)} \right]^{\frac{1}{2}} \quad (1-22)$$

只要用线性规划方法求解出该式中涉及的四个距离函数，即：

$$D_t(X_{t+1}, Y_{t+1}), D_t(X_t, Y_t), D_{t+1}(X_{t+1}, Y_{t+1}), D_{t+1}(X_t, Y_t)$$

便能求得 Malmquist 指数，进而求出 TFP 增长率。

表示 t 期到 t + 1 期之间全要素生产率增长的 Malmquist 指数可以分解为：

$$M_o(x^{t+1}, y^{t+1}, x^t, y^t) = \frac{D_o^{t+1}(x^{t+1}, y^{t+1})}{D_o^t(x^t, y^t)} \left[\frac{D_o^t(x^{t+1}, y^{t+1})}{D_o^{t+1}(x^{t+1}, y^{t+1})} \frac{D_0^t(x^t, y^t)}{D_o^{t+1}(x^t, y^t)} \right]^{\frac{1}{2}}$$

$$= EC \times TC \quad (1-23)$$

在式（1-23）中，EC 表示效率变化指数，TC 表示技术进步率指数。

2. Malmquist-Luenberger（ML）指数

钱伯斯等（Chambers et al.）[1] 提出了卢恩伯格（Luenberger）生产率指数，这是一种不需要选择测量角度的新的测量方法。

---

① Chambers R. G.，R. Färe，Grosskopf S. Productivity Growth in APEC Countries [J]. Pacific Economic Review，1996（1）：181 – 190.

它可以同时考虑投入减少和产出增加。根据钱伯斯等（1996）的研究结果，t 期和 t + 1 期之间的 Luenberger 生产率指数为：

$$LTFP_t^{t+1} = \frac{1}{2} \{ [\vec{S}_c^t(x^t, y^t, b^t, g) - \vec{S}_c^t(x^{t+1}, y^{t+1}, b^{t+1}, g)]$$

$$\times [S_c^{t+1}(x^t, y^t, b^t, g) - \vec{S}_c^{t+1}(x^{t+1}, y^{t+1}, b^{t+1}, g)] \}$$

$$(1-24)$$

Luenberger 生产率指标分解为：

$$LTFP_t^{t+1} = LPEC_t^{t+1} + LPTP_t^{t+1} + LSEC_t^{t+1} + LTPSC_t^{t+1}$$

$$(1-25)$$

在式（1 – 25）中：

$$LPEC_t^{t+1} = \vec{S}_v^t(x^t, y^t, b^t, g) - \vec{S}_v^{t+1}(x^{t+1}, y^{t+1}, b^{t+1}, g)$$

$$(1-26)$$

$$LPTP_t^{t+1} = \frac{1}{2} \{ [S_v^{t+1}(x^t, y^t, b^t, g) - \vec{S}_v^t(x^t, y^t, b^t, g)]$$

$$+ [\vec{S}_v^{t+1}(x^{t+1}, y^{t+1}, b^{t+1}, g) - \vec{S}_v^t(x^{t+1}, y^{t+1}, b^{t+1}, g)] \}$$

$$(1-27)$$

$$LSEC_t^{t+1} = [\vec{S}_c^t(x^t, y^t, b^t, g) - \vec{S}_v^{t+1}(x^t, y^t, b^t, g)]$$

$$- [\vec{S}_c^{t+1}(x^{t+1}, y^{t+1}, b^{t+1}, g) - \vec{S}_v^{t+1}(x^{t+1}, y^{t+1}, b^{t+1}, g)]$$

$$(1-28)$$

$$LTPSC_t^{t+1} = \frac{1}{2} \{ [(\vec{S}_c^{t+1}(x^t, y^t, b^t, g) - \vec{S}_v^{t+1}(x^t, y^t, b^t, g))$$

$$- (\vec{S}_c^t(x^t, y^t, b^t, g) - \vec{S}_v^t(x^t, y^t, b^t, g))]$$

$$+ [(\vec{S}_c^{t+1}(x^{t+1}, y^{t+1}, b^{t+1}, g) - \vec{S}_v^{t+1}(x^{t+1}, y^{t+1}, b^{t+1}, g))$$

$$-(\vec{S}_c^t(x^{t+1},y^{t+1},b^{t+1},g)-\vec{S}_v^t(x^{t+1},y^{t+1},b^{t+1},g)))]\}$$

$$(1-29)$$

上述指数及其分解值 LTFP、LPEC、LPTP、LSEC、LTPSC 大于 0，分别表示生产率提高、技术效率提高、技术进步、规模效率上升、技术偏离 CRS；反之，则反是。

Y. H. 钟等（Y. H. Chung et al.）① 进一步加入包含"坏"产出的方向距离函数 D^S（x，y，b），在 M 指数基础上进行扩展得到 Malmquist-Luenberger（ML）指数：

$$ML^S(x^t,y^t,b^t,x^{t+1},y^{t+1},b^{t+1})=\frac{1+D^S(x^t,y^t,b^t)}{1+D^S(x^{t+1},y^{t+1},b^{t+1})}$$

$$(1-30)$$

因为 ML^t（x^t，y^t，b^t，x^{t+1}，y^{t+1}，b^{t+1}）$\neq ML^{t+1}$（x^t，y^t，b^t，x^{t+1}，y^{t+1}，b^{t+1}），所以，计算时将相邻两期的 ML 指数进行几何平均来表示 t 期到 t+1 期的生产率变化，进一步分解即为效率变化（EC）、技术进步（TC）：

$$ML^{t,t+1}(x^t,y^t,b^t,x^{t+1},y^{t+1},b^{t+1})=\left[\frac{1+D^t(x^t,y^t,b^t)}{1+D^t(x^{t+1},y^{t+1},b^{t+1})}\right.$$

$$\left.\times\frac{1+D^{t+1}(x^t,y^t,b^t)}{1+D^{t+1}(x^{t+1},y^{t+1},b^{t+1})}\right]^{1/2}=\frac{1+D^t(x^t,y^t,b^t)}{1+D^{t+1}(x^{t+1},y^{t+1},b^{t+1})}$$

$$\times\left[\frac{1+D^{t+1}(x^t,y^t,b^t)}{1+D^t(x^t,y^t,b^t)}\times\frac{1+D^{t+1}(x^{t+1},y^{t+1},b^{t+1})}{1+D^t(x^{t+1},y^{t+1},b^{t+1})}\right]^{1/2}$$

① Y. H. Chung, R. Färe and S. Gross kopf. Productivity and Undesirable Outputs: A Directional Distance Function Approach [J]. Journal of Environmental Management, 1997, 51 (3): 229-240.

$$= \text{EC}^{t,t+1} \times \text{TC}^{t,t+1} \qquad (1-31)$$

在式（1-31）中，ML 大于 1，表示生产率提高；小于 1，则表示生产率降低；EC 大于（小于）1，表示效率提高（降低），TC 大于（小于）1，表示技术进步（退化）。但是，几何平均后的 ML 指数不具备累乘的性质，因此，只能用来分析相邻两期生产率的短期变动，生产率的长期变动则无法观察。值得注意的是，无论是使用 M 指数还是 ML 指数，都需要先选择测度的导向，即投入导向或者产出导向。而且，M 指数和 ML 指数可以看成是 Luenberger 生产率指标的特殊形式。

第三节　全要素生产率的影响因素

在经济增长理论发展过程中，因为经济学家研究方法和观点的差异，所以，其分析经济增长的影响因素也不同。尽管影响经济增长的因素复杂多样，而且，这些因素对经济增长的作用机理也不尽相同，但经济增长的直接来源只有两个：一个是生产要素投入的增加；另一个是要素使用效率的提高。除此以外，影响经济增长的其他因素，都可以看作间接因素。尽管西方古典经济增长理论总是强调投入要素资本、劳动力和土地的作用，但他们已经认识到生产率的重要作用。后来，随着经济发展，作为衡量经济效率的一种手段，全要素生产率考虑的是所有投入的要素，包括劳动、资本等，在分析上要优于单要素生产率，因此，得到了越来越广泛的应用。影响全要素生产率的主要因素有以下三个方面。

一、资本劳动与全要素生产率

在分析经济增长因素时，索洛是最著名的。他在《技术变化与总生产函数》（*Technological Change and Total Production Function*）一文中，在"希克斯技术进步中性"的假设下，推导了经济增长因素的分析模型。设总生产函数为：

$$Y_t = F(K_t, L_t, A_t) \qquad (1-32)$$

分别在式（1-32）两边对时间 t 求导数（全微分）得到：

$$dY_t = \frac{\partial Y_t}{\partial K_t}dK_t + \frac{\partial Y_t}{\partial L_t}dL_t + \frac{\partial Y_t}{\partial A_t}dA_t \qquad (1-33)$$

在式（1-33）两边同时除以 Y_t，并记作 $R_t = \frac{A_t}{Y_t}\frac{\partial Y_t}{\partial A_t}\frac{dA_t}{A_t}$，可得：

$$\frac{dY_t}{Y_t} = \frac{K_t}{Y_t}\frac{\partial Y_t}{\partial K_t}\frac{dK_t}{K_t} + \frac{L_t}{Y_t}\frac{\partial Y_t}{\partial L_t}\frac{dL_t}{L_t} + \frac{A_t}{Y_t}\frac{\partial Y_t}{\partial A_t}\frac{dA_t}{A_t} = w_{kt}\frac{dK_t}{K_t} + w_{lt}\frac{dL_t}{L_t} + R_t$$

$$(1-34)$$

在式（1-34）中，w_{kt} 表示 t 时的资本产出弹性、w_{lt} 表示 t 时的劳动产出弹性。假定市场是完全竞争的，则 w_{kt} 就是资本收入在总收入中的份额，w_{lt} 表示劳动收入在总收入中的份额。在规模报酬不变的情况下，$w_{kt} + w_{lt} = 1$。此时，式（1-34）可以变形为：

$$\frac{dY_t}{Y_t} - \frac{dL_t}{L_t} = w_{kt}\left(\frac{dK_t}{K_t} - \frac{dL_t}{L_t}\right) + R_t \qquad (1-35)$$

在式（1–35）中，式（1–34）、式（1–35）中的 R_t 称为索洛剩余，它被定义为技术进步对经济增长的贡献。式（1–35）表明，总产出率的直接来源分为三部分：资本增加、劳动力增长和技术进步。索洛使用这种模型研究了美国经济，发现索洛剩余对经济增长的唯一贡献是资本投入和劳动力投入。

然后，肯德里克（Kendrick）将产出与总投入的比率作为全要素生产率的概念。在具体计算中，他将土地归为资本，因此，所有生产要素都是劳动和资本。

根据边际生产率理论，基期支付给劳动力和资本的总报酬和这些生产要素的投入所产出的所有产品价值相等，再设 $T_0 = 1$，则有：

$$Q_0 = w_0 L_0 + i_0 K_0 \qquad (1-36)$$

将 t 年的劳动投入量和资本投入量分别用基年的 w_0 和 i_0 加权，则有：

$$Q_t = T(w_0 L_t + i_0 K_t) \qquad (1-37)$$

在式（1–37）中，（$w_0 L_t + i_0 K_t$）表示 t 年的劳动 L_t 和资本投入量 K_t 按照基年的生产率所能生产的产量。

$$T = \frac{Q_t}{w_0 L_t + i_0 K_t} \qquad (1-38)$$

在实际计算时，全要素生产率以指数的形式表示，即使用每个期的投入产出值与基准年度的对应值的比率来表示，并根据投入在基准期内的年产量的份额进行加权。对应的公式是：

$$\frac{T}{T_0} = \frac{Q_t/Q_0}{aL_t/L_0 + b(K_t/K_0)} \qquad (1-39)$$

在式（1-39）中，a 表示劳动在基期年产量中的份额，b 表示资本在基期年产量中的份额，即：

$$a = \frac{w_0 L_0}{Q_0}, b = \frac{i_0 K_0}{Q_0} \qquad (1-40)$$

肯德里克也分析了影响全要素生产率提高的因素，但并没有进一步估算这些因素对生产率的提高具体有多大的影响。

丹尼森仍然沿用了索洛余值法，但对投入要素分类要比索洛的分类细得多。丹尼森以规模报酬不变和生产者均衡为前提假设，以各投入要素的收入份额作为其对投入要素加权的权数。具体可用数学形式表达如下：

$$\frac{dY}{Y} = \frac{dA}{A} + \beta \frac{dK}{K} + r \frac{dL}{L} + \cdots + \theta \frac{dX}{X} \qquad (1-41)$$

在式（1-41）中，Y 表示产出；K，L，…，X 表示各种投入；β，r，…，θ 是各种投入要素在国民收入中的份额，且满足 $\beta + r + \cdots + \theta = 1$。

丹尼森最重要的贡献在于，分析了全要素生产率变化的影响因素，他将全要素生产率的提高分为三个方面：知识进步、资源配置改进和规模经济。在对美国经济进行实证分析的过程中，他估计了每个影响因素对经济增长的贡献率以及对提高全要素生产率的影响。这对不发达国家提高生产率有借鉴意义。

二、制度与全要素生产率

以诺斯为代表的新制度经济学家对传统经济增长理论提出

了挑战，认为制度是经济发展的决定性因素。

新的制度经济学派将制度因素视为决定经济增长的重要内生变量，从各个方面研究了制度与经济增长之间的关系。其中，诺斯的《制度变迁与美国经济增长》（*Technological Change and Total Production Function*）一书是制度变迁理论的代表，他分析了制度创新与经济增长之间的关系，并认为制度创新是对现有制度的改革，可以使创新者获得更多利益，其驱动力是个人利益的最大化。其实质是通过制度调整和变化来把握新的利润机会，以实现预期的收入增长，产生制度均衡。简而言之，制度在决定一个国家的经济增长和社会均衡发展方面起着决定性作用。诺斯（North，1990）论证了产权和制度变化对于经济增长的影响，得到在产权明确的情况下个体收入与社会福利的差距更小，产权对经济增长有促进作用。因此，国家可以将产权制度和制度变革作为经济增长的促进工具。

三、资源环境与全要素生产率

新古典经济学认为，环境保护政策的实施会增加企业的生产成本，降低企业竞争力，对经济增长产生负面效应大于环境保护给社会带来的积极效应。但波特和韦拉·林德（Porter and Vender Linde，1995）认为，不能一分为二地看待环境保护与经济发展的关系，将两者对立起来。他们认为，适当的环境规制可以倒逼企业进行技术创新，提高企业的生产力。技术革新使企业的市场竞争力提升，从而可以抵消由环境保护产生的成本，这就是著名的"波特假说"①。

波特假说认为，虽然环保政策在短期内可能增加成本，但在长期内可以提升企业生产效率，增加企业竞争力，促进经济增长，并且，在协调经济增长与环保政策关系中对政府的作用给予了肯定。一方面，可以为企业积极提供在进行环保相关技术创新和技术引进时所需要的信息；另一方面，在解决环境问题时，政府可以设计适当的机制，动用市场的力量，引导企业在寻求自身利益最大化的同时，执行环境规制政策。

能源作为物质生产活动的投入要素，是经济发展的重要物质基础，近代经济发展史表明，有着丰裕自然资源的国家发展潜力更大。不过，随着经济的持续增长，特别是在 20 世纪 70 年代石油危机之后，能源短缺现象日益突出，大多数国家将能源视为重要的战略资源。另外，有一些资源丰裕的国家陷入增长陷阱的事实，也很快吸引了学者的注意力。其中，较为著名的"荷兰病"② 就是专门用来描述自然资源丰富反而拖累经济发展的一种经济现象，经济发展如果过分依赖某种相对丰富的资源是很危险的，这种自然资源的丰富却抑制了经济增长的现象被称为"资源诅咒"。大量外文文献，如萨克斯和华纳（Sachs and Warner，1995）、格利法森（Glyfason，1999）、伍德和伯杰（Wood and Berger，1997）、斯戴因斯（Stijns，2000）、哈

①　Porter M. E.，Van Der Linde C. Toward a New Conception of the Environment-competitiveness Relationship［J］. Journal of Economic Perspectives，1995，9（4）：97 – 118.

②　荷兰病是指，一国（特别是中小国家）经济的某一初级产品部门异常繁荣而导致其他部门衰落的现象。

密尔顿·K.（Hamilton K.，2003）等通过不同方式来定义资源丰裕度，对经济增长进行实证研究，得出了资源丰裕与经济增长之间普遍存在负相关关系的结论。他们一致的观点是，自然资源如果对其他要素产生挤出效应，就会间接地对经济增长产生负面影响。

"荷兰病"的传导机制主要有三种：一是如果是单一资源型产业结构，那么，资源部门的扩张就可能造成制造业萎缩，从而降低资源配置效率；二是过度依赖丰裕资源的地区，人们接受教育的意愿下降，人力资本的投资报酬率降低，使大量拥有较高知识水平和技能的人才流出，而人力资本和物质资本一样，是推进经济增长的主要动力，这种资源部门扩张造成了人力资本挤占，就会拉低全要素生产率增长速度；三是当市场规则不健全、法律制度不完善的情况下，资源使用权缺乏约束，丰裕的自然资源还会诱使资源使用的寻租活动产生，造成大量的资源浪费和掠夺性开采，使资源产业不能良性循环发展。当资源接近枯竭时，大量的失业问题和社会不稳定问题必然出现，经济发展的可持续性将会受到严峻挑战。因此，将能源纳入经济分析框架，很快成为经济增长研究最重要的领域之一。在研究方法上，国内外学者对能源、环境与经济增长之间关系的研究，主要包括理论研究和实证研究。

（一）理论分析

斯蒂格利茨（Stiglitz，1974）较早地研究了在自然资源和人造资源约束下，经济增长该如何选择发展路径的问题。斯古普塔和希尔（Dsgupta and Heal，1979）研究了在不可再生资源约束下，经济可持续增长的问题。瓦伦特（Valente，2005）分析了可再生资源、技术进步与经济增长之间的关系，并得出了技术进步率和资源再生率超过社会贴现率时的经济可持续增长的条件。也有不少中文文献在经济增长理论分析框架下，构建了能源与经济增长的理论模型。例如，王海建（1999，2000）在罗默（Romer）的研发内生增长模型和卢卡斯（Lucas）的内生人力资本模型基础上，将枯竭性资源纳入生产函数，获得了该模型的均衡增长解，并据此解释了耗竭性资源可持续利用条件下的政策含义。杨宏林（2004，2006）在资源约束下建立了新古典主义经济增长模型和 Lucas 内生经济增长模型，并探讨了经济可持续发展的条件。彭水军（2005，2006）研究了内生性人力资本模型和内生性技术进步模型中实现可持续经济增长的条件。邵帅和范美婷等（2013）提出了两个有条件资源诅咒的假说，即资源产业依赖与经济增长之间、资源产业依赖与全要素生产率增长之间存在着倒"U"型曲线关系，并利用1998~2010 年中国 220 个地级及以上城市的面板数据样本，考察了资源产业依赖对经济发展效率的非线性影响。结果表明假说成立，制造业发展、对外开放程度和市场化程度对于资源产业依赖与经济发展效率之间的关系表现出显著的门限效应，这是能否成功规避资源诅咒的关键因素。并指出，中国城市层面的资源诅咒问题正逐渐得到改善，全要素生产率增长可能是经济增长维度资源诅咒的一个传导途径。总结以上研究成果，尽管全世界都在面临能源危机，但我们可以通过经济体系中的内生条件和外生条件来打破能源约束，使经济增长达到平衡增长路径的稳定水平。

（二）　实证分析

研究环境与经济增长之间关系的最著名的分析工具是环境库兹涅茨曲线，即 EKC 曲线。基于 EKC 曲线分析环境污染与经济增长之间呈倒"U"型假说的文献很多，结论迥异。格罗斯曼和克鲁格（Grossman and Krueger）[①] 在研究北美自由贸易协定对环境的影响时，首次研究了环境质量与人均收入之间的关系，指出了污染与人均收入间的关系为"污染在低收入水平上随人均 GDP 增加而上升，在高收入水平上，随人均 GDP 增长而下降"，从经济增长影响环境质量的三条作用渠道来解释 EKC 曲线的出现，并将能源和环境同时考虑进来，进行与经济增长关系的实证研究。例如，郑丽琳和朱启贵（2013）通过构建包含能源和环境约束的多部门内生增长模型，研究发现，产业间垂直技术进步差异和能源环境约束直接影响产业结构变迁状况且在一定的参数设置下，经济可实现持续增长，环境库兹涅茨曲线成立。邵帅和杨莉莉（2010）利用中国地级煤炭城市的面板数据样本对资源诅咒命题的假说进行了实证检验，结果显示资源诅咒效应明显存在：资源产业依赖主要是通过对人力资本、技术创新、外资投入和私营经济的挤出效应、削弱制造业发展的"荷兰病"效应，以及政府经济干预程度趋于加强所

---

① Grossman G., Krueger A. Environmental Impacts of the North American Free Trade Agreement [C]. NBER, Working Paper, 1991, Vol. 3914.

反映的制度弱化效应。梅国平等（2014）从区域空间关联视角出发，分析了中国的 30 个省区市 2001～2011 年环境约束下全要素生产率的变动，得出资源环境约束下中国全要素生产率总体呈现较为明显的"增长效应"及空间非均衡性，能源消费结构、要素禀赋等因素对全要素生产率有不同程度的影响。李小胜等（2014）用中国的 30 个省区市 1997～2011 年经济增长和污染排放数据，利用空间面板托宾（Tobit）回归模型分析了环境全要素生产率增长的原因，并认为环境全要素生产率的 EKC 曲线存在。胡鞍钢等（2015）则在世界银行关于真实储蓄的计算框架下，考虑过度能源消耗因素、矿产消耗因素和二氧化碳排放因素，对中国高耗能行业的真实全要素生产率进行了研究。研究指出，位于产业链上游的行业在生产环节大量补贴了下游行业产出环节的自然资本损耗，从而补贴了其真实全要素生产率，因此有效控制上游行业生产端的自然资本损耗将大幅影响下游行业的全要素生产率，提出了相应的节能减排治理政策。原毅军和谢荣辉（2015）在考虑能源消耗和非期望产出的情况下，分析了环境规制、FDI 对中国工业绿色全要素生产率增长的影响。实证结果表明，环境规制显著促进了全要素生产率增长，而严格的环境规制又能有效地提高外资进入的环境门槛，对 FDI 起到"筛选"作用，两者的良性互动是工业全要素生产率增长的重要影响因素，从生产率的视角验证了"波特假说"的成立。王兵等（2015）基于绿色卢恩伯格生产率指标的双重分解，分析节能减排能否实现环境和中国绿色经济的双赢。研究发现，节能减排通过推动技术进步促进绿色全要素生产率增长，进而实现环境和绿色经济的双赢。节能减排对 1999～2012 年中国绿色全要素生产率平均增长的贡献度高达 90.23%，是生产率增长的核心动力。黄永春和石秋平（2015）认为，经济发展水平、产业结构、能源结构、对外开放水平与区域环境全要素生产率都有显著关系，并得出企业研发投入对各地区全要素生产率的作用并不相同，应区别对待的结论。李平（2017）测算了长三角城市群及珠三角城市群共 25 个城市 2000～2010 年的环境经济绩效，分析长三角城市群及珠三角城市群环境经济绩效的区域差异。

以上研究表明，研究全要素生产率影响因素的文献中加入了政府环境规制、能源消费结构等相关变量，测算出的资源环境约束下全要素生产率的经济增长绩效更加科学客观，影响因素分析更为完善，得出的政策建议更为全面，虽然研究视角和研究方法不同，实证研究结果差异较大，但这些文献毫无疑问大大丰富了全要素生产率增长的影响因素分析方法，推动了全要素生产率理论的发展。

第四节　本章小结

全要素生产率作为衡量经济增长质量的指标，是经济长期持续发展动力源泉的一个重要组成部分，因此，是经济增长核算中必不可少的环节，伴随着经济增长理论的发展而诞生。本章主要介绍全要素生产率的相关理论，按全要素生产率的理论发展脉络对全要素生产率的定义进行了规范梳理。从全要素生产率与经济增长之间的关系，全要素生产率的内涵界定、测度方法和全要素生产率的影响因素理论等方面进行了全面阐述。

首先，梳理了全要素生产率与古典经济增长理论、现代经济增长理论、新经济增长理论以及资源环境约束下的经济增长理论的关系，从中可以看到全要素生产率内涵随经济增长理论的完善而不断丰富。本书遵循经济学界的公认观点，将全要素生产率的内涵界定为当全部生产要素（包括资本、劳动等要素）的投入量都不变时，而产出仍能增加的部分，用以衡量除了有形生产要素以外的技术生产率的增长，在此理论框架下进行后续章节的实证研究。

其次，对全要素生产率的测度方法从参数估计法、非参数估计法两条途径进行了梳理总结，发现随机前沿生产函数法（SFA）、数据包络分析法（DEA）仍是研究全要素生产率的主流方法。但 DEA 方法不需要事先设定任何形式的生产函数，完全根据实际观测数据，以数学中的线性规划理论为依据，构造生产前沿，然后，评估决策单元的相对效率，可以处理多个投入和多个产出的情况。因此，和传统参数方法相比，具有绝对优势。

最后，概括了全要素生产率理论发展中几个主要影响因素的相关理论，并结合本书的研究目的，重点介绍了资源和环境因素中出现的一些理论假说。并对涉及环境和经济增长之间关系的"波特假说"、自然资源和经济增长的"资源诅咒"理论的传导机制进行了梳理。本章的概括总结，是后续测算全要素生产率增长和分析其影响要素的理论基础。

第二章 资源环境约束下中国省际全要素生产率增长的测算研究

第一节 资源环境约束下中国省际全要素生产率的测算方法

在构建市场机制有效、微观主体有活力、宏观调控有度的经济体制中，中国各省区市是增强中国经济创新力和竞争力的主力军。因此，本书在第一章全要素生产率测度方法的理论基础上，选用数据包络分析法（DEA）和指数法对中国的 30 个省区市的全要素生产率进行测算。主要步骤：首先，用整个样本期内所有决策单元构建一个生产技术集；其次，再构造一个方向性距离函数，用以测算各个时期、各个决策单元到该生产技术集的生产前沿面之间的距离；最后，使用该距离计算出该决策单元在不同时期效率变动的程度，用 GML 指数来表示。计算 GML 指数具体涉及的概念有 3 个。

一、生产技术集

假如每一个决策单元 k （k = 1，…，K）使用 N 种投入 x = $(x_1, \cdots, x_N) \in R_+^N$，得到 M 种期望产出 y = $(y_1, \cdots, y_M) \in R_+^M$ 和 J 种非期望产出 b = $(b_1, \cdots, b_J) \in R_+^J$。使用数据包络分析法（DEA）把当期生产技术集表示为：

$$P^t(x^t) = \{(y^t, b^t) : \sum_{k=1}^{K} z_k y_{km}^t \geqslant y_m^t, m = 1, \cdots, M; \sum_{k=1}^{K} z_k b_{kj}^t = b_j^t, j$$
$$= 1, \cdots, J; \sum_{k=1}^{K} z_k x_{kn}^t \leqslant x_n^t, n = 1, \cdots, N; z_k \geqslant 0, k = 1, \cdots, K\}$$

$$(2-1)$$

在式（2 - 1）中，z_k 表示每个决策单元在横截面上的观察值权重，$P^t(x^t)$ 满足第一章测度方法中生产技术集所有的性质。

二、方向性距离函数

包含非期望产出的方向性距离函数，可以体现期望产出和非期望产出与潜在最大值和潜在最小值的距离，Y. H. 钟等（Y. H. Chung et al.）[①] 和 R. 费等（R. Färe et al.）[②] 给出了反

[①] Y. H. Chung，R. Färe and S. Grosskopf. Productivity and Undesirable Outputs： A Directional Distance Function Approach ［J］. Journal of Environmental Management： 1997，51（3）：229 - 240.

[②] R. Färe，S. Grosskopf，B. Lindgren P. Roos. Productivity Changes in Swedish Pharamacies 1980—1989： A Non-parametric Malmquist Approach ［J］. Journal of Productivity Analysis，1992，6（3）：85 - 101，17.

映期望产出和非期望产出沿着不同方向变动的方向性距离函数。

$$\vec{D}_0(x,y,b;g_y,g_b) = \max\{\beta:(y+\beta g_y,b-\beta g_b)\in P(x)\}$$

$$(2-2)$$

在式（2－2）中，$g=(g_y,-g_b)$ 为方向向量，反映人们对期望产出 y、非期望产出 b 的不同偏好，可以使无效生产单元沿设定的任意方向投影到前沿面上。β 反映与前沿生产面相比，最大限度地可以增加期望产出 y 的数量及减少非期望产出 b 的数量。如果 β＝0，表示该决策单元位于前沿生产面上，是生产最有效的。β越大，说明离前沿生产面越远，追赶空间越大，效率较低。

传统的距离函数用的是谢菲尔德距离函数，投入产出是呈线性比例增减的，方向性距离函数与之相比，在于方向的自由选择上，它们的区别可以从图 2－1 中看出。

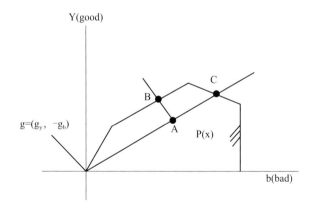

图 2－1　传统的径向距离函数与方向性距离函数

资料来源：笔者根据式（2－2）绘制而得。

设点 A 是某一个观测点，通过谢菲尔德距离函数求出的生产最优点是点 C。对应地，如果点 A 增加"好"产出而减少

"坏"产出，即沿着方向向量 g ＝（g_y，－g_b）移动，最终达到最佳产出点为点 B。显然，点 B 与点 C 相比，可以有相同的期望产出 y，却有更少的非期望产出 b。

三、全局 Malmquist 指数法

全局 Malmquist 模型是由帕斯特和洛弗尔（Pastor and Lovell）[1] 提出的一种 Malmquist 指数计算方法。它是以各期的总和作为共同参考集，即各期共同的参考集为 $P^G = P^1 \cup P^2 \cup \cdots \cup P^T = \{(x^1, y^1)\} \cup \{(x^2, y^2)\} \cup \cdots \cup \{(x^T, y^T)\}$，因为各期参考的是同一前沿，所以，计算得出的是单一 Malmquist 指数。

$$M_G(x^{t+1}, y^{t+1}, x^t, y^t) = \frac{E^G(x^{t+1}, y^{t+1})}{E^G(x^t, y^t)} \qquad (2-3)$$

被评价单元肯定包含在全局参考集内，因此，全局 Malmquist 指数不存在 VRS 模型无可行解的问题，并可以分解为效率变化和技术变化。

$$M_G(x^{t+1}, y^{t+1}, x^t, y^t) = \frac{E^G(x^{t+1}, y^{t+1})}{E^G(x^t, y^t)}$$

$$= \frac{E^{t+1}(x^{t+1}, y^{t+1})}{E^t(x^t, y^t)} \times \left[\frac{E^G(x^{t+1}, y^{t+1})}{E^{t+1}(x^{t+1}, y^{t+1})} \times \frac{E^t(x^t, y^t)}{E^G(x^t, y^t)} \right]$$

$$= EC_G \times TC_G \qquad (2-4)$$

在式（2-4）中，EC_G 表示决策单元在 t 期和 t＋1 期间追赶生

---

① Pastor J. T., Lovell C. A. K. A global Malmquist Productivity Index [J]. Economics Letters, 2005.

产前沿面的程度，反映相对效率变化。括号中的$\dfrac{E^G(x^{t+1},\ y^{t+1})}{E^{t+1}(x^{t+1},\ y^{t+1})}$表示 t+1 期前沿与全局前沿接近的程度，比值越大，t+1 期前沿与全局前沿越接近；$\dfrac{E^G(x^t,\ y^t)}{E^t(x^t,\ y^t)}$表示 t 期前沿与全局前沿接近的程度，比值越大，t 期前沿与全局前沿越接近；t+1 期前沿与 t 期前沿相比，其变动情况则可以由这两者的比值来表示：

$$TC_G = \frac{E^G(x^{t+1},y^{t+1})/E^{t+1}(x^{t+1},y^{t+1})}{E^G(x^t,y^t)/E^t(x^t,y^t)} = \frac{E^G(x^{t+1},y^{t+1})}{E^{t+1}(x^{t+1},y^{t+1})} \times \frac{E^t(x^t,y^t)}{E^G(x^t,y^t)}$$

$$(2-5)$$

故 TC_G 表示 t+1 期前沿与 t 期前沿相比的变动情况，反映技术变动情况。此外，各期参考的是共同的全局前沿，因此，全局 Malmquist 指数还具备传递性，可累乘。

欧（Oh）[1] 结合 Global Malmquist 指数和方向性距离函数，即用全局 DEA 线性规划技术解 ML 指数中的方向性距离函数，构建了 GML 生产率指数，并结合 R. 费等（R. Färe et al.，1994）[2] 对 Malmquist 指数分解为效率变化和技术变化的方法，将 GML 指数也可以做同样分解如下：

$$GML^{t,t+1}(x^t,y^t,b^t,x^{t+1},y^{t+1},b^{t+1}) = \frac{1+D^G(x^t,y^t,b^t)}{1+D^G(x^{t+1},y^{t+1},b^{t+1})}$$

$$= \frac{1+D^t(x^t,y^t,b^t)}{1+D^{t+1}(x^{t+1},y^{t+1},b^{t+1})}$$

① Dong-hyvn Oh. A Global Malmquist-Luenberger Productivity Index [J]. Journal of Productivity Analysis. 2010，12（34）：183－197.

② Färe Rolf, Fukuyama Hirofumi, Grosskopf Shawna, Zelenyuk Valention. Decomposing Profit Efficiency Using a Slack-based Directional Distance Function [J]. European Journal of Operational Research. 2015，11（247）：335－337.

$$\times\left(\frac{[1+D^{G}(x^{t},y^{t},b^{t})]/[1+D^{t}(x^{t},y^{t},b^{t})]}{[1+D^{G}(x^{t+1},y^{t+1},b^{t+1})]/[1+D^{t+1}(x^{t+1},y^{t+1},b^{t+1})]}\right)$$

$$=EC^{t,t+1}\times TC^{t,t+1} \qquad\qquad (2-6)$$

索非娅 J. I. （Zofio J. I.）[1] 在 R. 费等（1994）的基础上，通过规模报酬可变和规模报酬不变得出不同的效率变化值，EC 分解为纯效率变化、规模效率变化，TC 分解为纯技术变化、规模技术变化。

$$GML(CRS) = EC(CRS) \times TC(CRS) = EC(VRS) \times SEC$$
$$\times TC(VRS) \times STC \qquad\qquad (2-7)$$

在式（2-7）中，GML、EC、SEC、TC、STC 大于（小于）1 的情况，分别表示全要素生产率提高（下降）、纯效率改善（恶化）、规模效率提高（下降）、纯技术进步（倒退）和技术效率提高（下降）。

第二节　资源环境约束下中国省际全要素生产率的测算结果及其分解

一、全要素生产率测算中的样本选取及指标选取

中国的西藏自治区及中国的港澳台地区数据缺失，考虑到

---

① Zofio J. L. Malmquist Productivity Index Decompositions: A Unifying Framework [J]. Applied Economics, 2007.

全要素生产率测算过程中投入产出指标的可比性以及数据的可得性后，予以剔除。本章选取 2004 ~ 2017 年中国的 30 个省区市作为决策单元（DMU），进行比较分析。在测算过程中涉及的主要指标，包括劳动和资本两个要素投入变量、能源投入、期望产出以及非期望产出。所选指标的基础数据，来源于历年中国各省区市的统计年鉴、《中国统计年鉴》《中国环境年鉴》《中国环境统计年鉴》《中国能源统计年鉴》以及国家统计局数据库。

（1）劳动投入。劳动要素选用中国各省区市历年的就业人数表示。

（2）资本投入。因为无法直接获得资本存量数据，所以，本章借鉴单豪杰（2008）推算的数据及公式，通过永续盘存法计算出 2004 ~ 2017 年中国的 30 个省区市的资本存量，其计算过程为：

$$K_t = I_t + (1 - \delta)K_{t-1} \qquad (2 - 8)$$

在式（2 - 8）中，K_t 表示 t 期资本存量，I_t 表示 t 期投资额，δ 表示折旧率。其中，基期资本存量通过基期固定资本形成总额除以平均增长率加上折旧率来计算。[①] 在计算中国各省区市资本存量的过程中，考虑到样本期内行政区域的变更将重庆市和四川省进行了合并。

（3）能源投入。中国各省区市能源消耗种类有差异，因

[①] 基于永续盘存法理论，估计基期资本存量时产生的误差会影响后续年份的估计，为减小影响，选用较早的 1978 年为基期。考虑数据可得性，这里采用 1978 年固定资本形成总额除以 5 年间平均投资增长率与折旧率 0.1096 之和，计算得出 1978 年资本存量后再根据价格指数调整到 2004 年为基期的可比价资本存量。

此，以各种煤品能源、各种油品能源、液化石油气、电力等 11
种能源种类，通过折标准煤系数将各种能源消费总量换算成以
万吨标准煤为单位的能源消费量，之后，进行加总的消费量作
为能源投入。

（4）期望产出。期望产出为各省实际地区生产总值，为了
数据具有可比性，利用 GDP 平减指数将中国各省区市实际地区
生产总值调整为 2004 年不变价。

（5）非期望产出。"十一五"时期明确提出了减排目标的
主要污染物为化学需氧量（COD）和二氧化硫（SO_2）、氨氮
和氢氧化物，[①] 考虑到数据的可得性，采用中国各省区市的
COD 和 SO_2 的排放量。

本章所有图表、数据如无特殊说明，资料来源均来自上述
数据库。

表 2 - 1 描述了 2004～2017 年中国各省区市年度劳动力、
资本、能源、COD 和 SO_2 的排放量基本统计特征。

表 2 - 1　　　　　　　　变量的描述性统计

指标	均值	标准差	最小值	最大值	观测数
劳动投入（万人）	2590.62	1705.56	290.42	6766.86	420
资本投入（亿元）	32920.60	29315.14	1396.15	159813.58	420
能源投入（万吨标准煤）	12597.97	8065.37	742.48	38899.25	420
地区生产总值（亿元）	12720.59	11568.38	466.10	67081.25	420
COD（万吨）	55.31	39.78	3.93	198.25	420
SO_2（万吨）	68.49	43.95	1.43	200.20	420

① 中国政府网 [EB/OL]. http://www.gov.cn/gongbao/content/2006/content_268766.htm.

二、全要素生产率增长的测算结果及分解——对比有无约束

本节测算了 2004～2017 年中国的 30 个省区市的 GM 生产率指数和 GML 生产率指数。两者均是将所有决策单元看作同一个参考集下计算出的 Malmquist 指数。区别在于，GML 指数是在 GM 指数的基础上加入了资源环境因素，即能源投入和非期望产出计算而得。EC 指数、TC 指数表示效率变化和技术变化两个分解成分。GML 指数大于 1 表示生产率提高，小于 1 表示生产率降低，EC 指数、TC 指数的含义也是如此。因为每个决策单元每两年计算出一个指数，所以，本节仅对其几何平均值进行比较分析，测算结果分别见表 2－2 和表 2－3。

表 2－2 中国的 30 个省区市的 GM 指数和 GML 指数及其分解

地区	考虑资源环境因素			不考虑资源环境因素		
	CML-EC	GML-TC	GML	GM-EC	GM-TC	CM
安徽	0.9923	1.0028	0.9950	0.9974	1.0013	0.9987
北京	1.0000	1.0422	1.0422	1.0000	1.0422	1.0422
福建	0.9842	1.0069	0.9910	0.9850	1.0071	0.9921
甘肃	0.9933	1.0005	0.9938	1.0116	0.9874	0.9988
广东	0.9974	1.0080	1.0053	0.9974	1.0080	1.0053
广西	0.9608	1.0000	0.9608	0.9608	1.0000	0.9608
贵州	0.9871	0.9949	0.9820	1.0012	0.9897	0.9909
海南	0.9684	1.0096	0.9777	0.9739	1.0075	0.9811

续表

地区	考虑资源环境因素			不考虑资源环境因素		
	CML-EC	GML-TC	GML	GM-EC	GM-TC	CM
河北	0.9816	1.0029	0.9845	0.9937	0.9956	0.9893
河南	0.9663	1.0057	0.9718	0.9770	1.0017	0.9786
黑龙江	0.9815	0.9953	0.9769	0.9815	0.9941	0.9757
湖北	0.9873	1.0015	0.9888	0.9909	1.0009	0.9918
湖南	0.9839	0.9989	0.9828	0.9877	0.9981	0.9859
吉林	0.9669	1.0000	0.9669	0.9669	1.0000	0.9669
江苏	0.9967	1.0163	1.0129	0.9967	1.0163	1.0129
江西	0.9978	1.0047	1.0025	0.9978	1.0047	1.0025
辽宁	0.9786	1.0058	0.9843	0.9830	1.0007	0.9837
内蒙古	0.9850	1.0061	0.9910	0.9861	1.0050	0.9910
宁夏	0.9540	1.0059	0.9596	0.9609	1.0017	0.9626
青海	0.9514	1.0097	0.9606	0.9686	1.0019	0.9705
山东	0.9910	1.0109	1.0017	0.9997	1.0049	1.0045
山西	0.9866	1.0019	0.9885	0.9900	0.9963	0.9863
陕西	0.9780	1.0029	0.9808	0.9812	1.0022	0.9833
上海	1.0000	1.0185	1.0185	1.0000	1.0185	1.0185
四川	1.0040	0.9970	1.0010	1.0082	0.9947	1.0029
天津	0.9950	1.0076	1.0025	0.9950	1.0076	1.0025
新疆	0.9881	1.0036	0.9916	0.9881	1.0036	0.9916
云南	0.9709	1.0077	0.9783	0.9792	1.0037	0.9828
浙江	0.9997	1.0185	1.0182	1.0006	1.0176	1.0182
重庆	1.0099	1.0041	1.0141	1.0116	1.0030	1.0147
东部	0.9947	1.0126	1.0072	0.9986	1.0088	1.0074
中部	0.9817	1.0003	0.9820	0.9850	0.9997	0.9847
西部	0.9900	0.9974	0.9874	0.9926	0.9961	0.9888
全国	0.9909	1.0054	0.9963	0.9942	1.0031	0.9973

资料来源：表中数据利用 MaxDEA6.18 软件输出而得。

表 2-3　　中国的 GML 指数和 GM 指数及其分解的变化趋势

年份	考虑资源环境因素			不考虑资源环境因素		
	EC	TC	GML	EC	TC	GM
2004~2005	0.9986	0.9934	0.9920	1.0008	0.9947	0.9955
2005~2006	0.9747	1.0457	1.0193	0.9928	1.0201	1.0128
2006~2007	0.9847	1.0384	1.0226	0.9943	1.0199	1.0141
2007~2008	0.9863	1.0144	1.0006	0.9946	1.0111	1.0056
2008~2009	0.9921	0.9850	0.9771	0.9965	0.9904	0.9870
2009~2010	0.9811	1.0107	0.9916	0.9811	1.0169	0.9976
2010~2011	0.9905	0.9970	0.9876	0.9905	1.0010	0.9915
2011~2012	0.9990	0.9858	0.9848	0.9990	0.9858	0.9848
2012~2013	0.9961	0.9860	0.9821	0.9961	0.9860	0.9821
2013~2014	1.0007	0.9904	0.9912	1.0007	0.9904	0.9912
2014~2015	0.9811	1.0177	0.9985	0.9811	1.0177	0.9985
2015~2016	0.9968	1.0018	0.9986	0.9968	1.0005	0.9973
2016~2017	1.0006	1.0067	1.0073	1.0006	1.0073	1.0079

资料来源：表中数据利用 MaxDEA6.18 软件输出而得。

第一，从中国的 30 个省区市来看，根据表 2-2 中中国各省区市 GM 指数和 GML 指数的几何平均值及其分解结果，总结特征有如下四点。

（1）资源环境约束对生产率的影响。考虑了能源投入和非期望产出的 GML 指数普遍不超过 GM 指数，其中，我国的 27 个省区市的 GML 指数小于或等于 GM 指数，只有 3 个省的 GML 指数大于 GM 指数，说明不考虑资源环境约束时全要素生产率增长水平会被高估。黑龙江省、辽宁省和山西省的 GML 指数大于 GM 指数，表明降低能耗和污染排放的强力约束对经济主体生产率增长产生了正向效应。其作用机制为，虽然占用生产资源、增加环境治理成本会对经济主体造成经济损失，但是，这种约束力也能激励经济主体加大研发投入，引致技术创新进而推动技术进步并促进效率改善。另外，从 ML 指数变化来看，考虑资源环境因素后东中西部[①]的全要素生产率增长分别降低了约 0.02%，0.27%，0.14%，全国则平均降低约 0.1%。

（2）从分区域来看，东中西部地区的全要素生产率增长差异显著，其 GML 指数的几何平均值分别是 1.0072、0.9820、0.9874，说明东部地区的平均生产率提高，而中部地区和西部地区的平均生产率降低，具体分布情况见图 2 - 2。

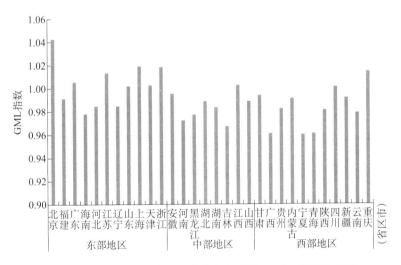

**图 2 - 2　中国的 30 个省区市分成东中西部三大区域 GML 指数
几何平均值的分布情况**

① 根据国家统计局地区数据的标准划分［EB/OL］. http：//data. stats. gov. cn/easyquery. htm？cn = E0103.

从图 2 - 2 可以看到，东部 11 个省市的全要素生产率值几乎全在 0.9800 以上，海南省的全要素生产率为 0.9777，是东部地区最小，西部 11 个省份有 4 个在 0.9800 以下，中部 8 个省份有 3 个在 0.9800 以下。经济相对发达的北京、广东、江苏、江西、山东、上海、天津、浙江、四川、重庆的 GML 指数大于 1.0000，说明全要素生产率呈增长趋势，而中西部地区大多数省份的 GML 指数都小于 1.0000，经济欠发达的河南、黑龙江、吉林、广西、宁夏、青海、云南均在 0.9800 以下。还可以看出，一些资源丰富地区的全要素生产率指数均小于 1.0000，如煤炭资源丰富的山西省、内蒙古自治区、河南省的 GML 指数都在 0.96~0.99 区间，说明能源过度使用、环境质量降低对地区全要素生产率产生了不利影响。

（3）从全要素生产率增长来源来看，结合表 2 - 2，GML 指数大于 1.00，即全要素生产率呈增长趋势的 10 个地区中，除了四川省以外，其余 9 个省份的技术效率值小于技术进步值。从东中西部地区及全国 GML 指数来看，只有西部地区的技术效率指数大于技术进步指数，说明技术进步是这些区域平均全要素生产率增长的主要动力。

（4）从时间趋势上来看，2004~2017 年东中西部地区全要素生产率的变动特征见图 2 - 3。可以看出，三大区域的全要素生产率变化呈现共同的阶段性特征：2004~2007 年全要素生产率值稳定上升，2007~2011 年大致呈下降趋势，2009 年略有上升之后，2010 年跌至最低点，2011 年以后稳定回升，在（0.98，1）区间内小幅波动。这种趋势变化与对应年份污染排放量的变化、环保政策的实施、全球的经济环境息息相关。
2005 年初，国务院颁发《关于落实科学发展观加强环境保护的
决定》后，国家环境保护总局、国家发展和改革委员会制定的
《国家环境保护"十一五"规划》中确定二氧化硫、化学需氧
量为主要环保指标，并明确提出到 2010 年主要污染物二氧化
硫、化学需氧量排放总量比 2005 年削减 10% 的控制目标。[①] 此
后，污染排放上升趋势缓解，产业结构不合理、经济增长方式粗
放、环境保护滞后于经济发展的局面得以扭转。2007 ~ 2008 年，
全球性金融危机出现，国内经济增长率出现短暂下滑，在此后积
极财政政策的刺激下才得以复苏，2011 年以后相对稳定。污染
排放的动态变化与三大区域的全要素生产率波动大体一致的现
象，进一步表明非期望产出在全要素生产率的测算中不容忽视。

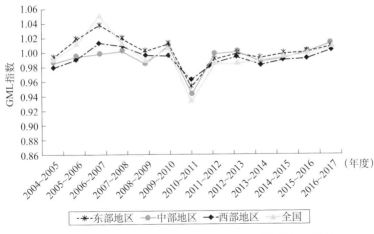

图 2 - 3　中国三大区域 GML 指数几何平均值的变动趋势

---

① 见 http：//www. gov. cn/zwgk/2007 – 11/26/content_815498. htm.

第二，从全国范围来看，根据表 2 - 3 中 GM 指数和 GML 指数及其分解结果，总结特征如下。

（1）资源环境约束对生产率的影响。考虑能源投入的 GML 指数和非期望产出的 GML 指数普遍不超过 GM 指数，其中，只有 3 个年份 GM 指数小于或等于 GML 指数，其余时间段 GM 指数均大于 GML 指数，说明在不考虑资源环境约束时，TFP 增长水平会被高估。

虽然直观上可以看出考虑资源环境因素前后有明显差异，但无法确定这种差异在统计上是否显著，可以采用配对 t 检验做进一步检验。接下来，对考虑资源环境约束前后的全要素生产率增长指数及其分解因子进行样本配对 t 检验。本节选取全要素生产率增长相关的 3 对配对样本，来分析资源环境因素对中国的 30 个省区市的全要素生产率增长、效率变化和技术进步的影响是否存在显著性差异。检验结果如下。

从表 2 - 4 的检验结果中可以看出，在效率变化（EC）、技术进步（TC）和全要素生产率增长（GML）的配对 t 检验中，P 值全为 0.0000，在 1% 的显著性水平下拒绝原假设。这表明，在样本期内，这三个指数在是否考虑资源环境约束的两种情况下，其均值发生了显著性变化，即考虑能源投入情况和非期望产出情况会导致中国效率变化、技术进步和全要素生产率增长指数的年均值发生显著性变化，与前文分析一致。因此，忽视能源投入和非期望产出，会给估计中国的全要素生产率增长带来偏差。

表 2 - 4　　　　　　　　　　配对 t 检验

配对样本检验	平均值	标准差	标准误	t	自由度	显著性
H_0：GMEC = GMLEC	0.0043	0.0050	0.0009	5.0060	33.0000	0.0000
H_0：GMTC = GMLTC	-0.0024	0.0030	0.0005	-4.7180	33.0000	0.0000
H_0：CM = GML	0.0020	0.0028	0.0005	-4.1190	33.0000	0.0000

资料来源：笔者根据表 2 - 3 数据利用 Stata 软件计算而得。

（2）从表 2 - 3 中 GML 指数的大小来看，只有 2005～2008 年以及 2016～2017 年 GML 指数大于 1，即全国平均生产率处于提高状态，而其余年份全国平均生产率有所下降。与前述分东中西部三大区域讨论的随时间变化趋势大体保持一致，这与全球的经济环境以及中国出台实施的环境政策密不可分。

（3）从全要素生产率的增长来源来看，中国全要素生产率的增长及其源泉变化，见图 2 - 4。

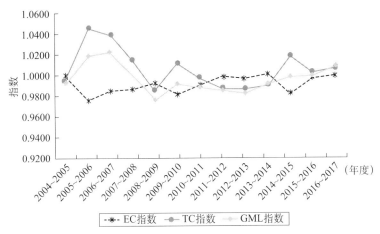

图 2 - 4　中国 TFP 增长及其源泉变化

资料来源：笔者根据表 2 - 3 数据计算整理绘制而得。

技术变化指数 TC 随时间的变动趋势几乎与 GML 指数一致，而技术效率指数 EC 随时间的变动趋势与 GML 指数相差甚远，说明技术进步主导了中国全要素生产率增长，是其主要来源。

（4）此外，测算出的 GML 值是相对上一年的变化指数，现以 2004～2005 年的 GML 值为基期，算出 2005～2017 年中国的 30 个省区市和东中西部三大区域的累计指数，列出全国和东中西部三大区域的累计 GML 指数，见表 2－5。

表 2－5　　　中国和中国的东中西部三大区域的累计 GML 指数

地区	中国	东部地区	中部地区	西部地区
2004～2005	0.9920	1.0144	0.9662	0.9776
2005～2006	1.0111	1.0547	0.9527	0.9744
2006～2007	1.0339	1.0964	0.9429	0.9979
2007～2008	1.0345	1.1100	0.9202	1.0030
2008～2009	1.0108	1.1065	0.8766	0.9834
2009～2010	1.0023	1.1180	0.8515	0.9575
2010～2011	0.9899	1.1105	0.8113	0.9337
2011～2012	0.9749	1.0956	0.7938	0.9167
2012～2013	0.9574	1.0858	0.7969	0.8941
2013～2014	0.9490	1.0842	0.7855	0.8708
2014～2015	0.9475	1.0891	0.7808	0.8524
2015～2017	0.9462	1.0898	0.7807	0.8453
2016～2017	0.9532	1.0984	0.7901	0.8482

为便于从整体上分析全要素生产率增长的分布情况，对中国的 30 个省区市的累计 GML 指数做出核密度图，见图 2－5。

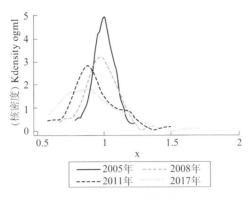

图 2 – 5 累计 GML 指数的核密度

图 2 – 5 表明，随着时间的推移，分布的峰值越来越低，且单峰往左偏移，这意味着，中国各省区市之间的发展变化速度差异逐渐缩小，表现出一定的收敛趋势。

第三节 资源环境约束下中国省际技术效率及其增长特征分析

一、全要素生产率的静态分析——技术效率

DEA 模型使用 DMU 生产决策单元与效率边界之间的相对距离来测量效率。效率边界是实际数据的包络曲线。位于包络曲线上的 DMU 有效，而位于包络曲线之外的 DMU 效率低下。本节在全要素生产率是衡量包括资本、劳动、能源等所有要素

投入产出效率的指标这一内涵框架下，使用 DEA 模型来计算和分解全要素生产率静态水平，即 DEA 模型中的技术效率。

本节采用 DEA 模型计算了 2004～2017 年中国的 30 个省区市的技术效率水平及其分解成分，只列出 2004～2017 年中国的 30 个省区市的几何平均值，见表 2 − 6。根据 DEA 模型中效率评估指标的定义，效率值在 0～1 区间，值越大，效率越高，意味着较少的输入可以产生较多输出。

表 2 − 6　　中国的 30 个省区市的技术效率及其变化值

地区	考虑资源环境因素		不考虑资源环境因素	
	效率值 E	效率变化值 EC	效率值 E	效率变化值 EC
安徽	0.8265	0.9923	0.8322	0.9974
北京	1.0000	1.0000	1.0000	1.0000
福建	0.8689	0.9842	0.8700	0.9850
甘肃	0.6940	0.9933	0.7236	1.0116
广东	0.9960	0.9974	0.9960	0.9974
广西	0.7262	0.9608	0.7262	0.9608
贵州	0.6232	0.9871	0.6421	1.0012
海南	0.7922	0.9684	0.8560	0.9739
河北	0.7412	0.9816	0.7627	0.9937
河南	0.6788	0.9663	0.6957	0.9770
黑龙江	0.9020	0.9815	0.9020	0.9815
湖北	0.7688	0.9873	0.7732	0.9909
湖南	0.8553	0.9839	0.8593	0.9877
吉林	0.6741	0.9669	0.6741	0.9669
江苏	0.8410	0.9967	0.8414	0.9967
江西	0.7900	0.9978	0.7900	0.9978
辽宁	0.7379	0.9786	0.7410	0.9830
内蒙古	0.6529	0.9850	0.6536	0.9861

续表

地区	考虑资源环境因素		不考虑资源环境因素	
	效率值 E	效率变化值 EC	效率值 E	效率变化值 EC
宁夏	0.4318	0.9540	0.4347	0.9609
青海	0.4637	0.9514	0.4729	0.9686
山东	0.7527	0.9910	0.8183	0.9997
山西	0.6588	0.9866	0.6641	0.9900
陕西	0.6456	0.9780	0.6502	0.9812
上海	1.0000	1.0000	1.0000	1.0000
四川	0.8102	1.0040	0.8152	1.0082
天津	0.9198	0.9950	0.9242	0.9950
新疆	0.5489	0.9881	0.5489	0.9881
云南	0.6089	0.9709	0.6222	0.9792
浙江	0.8884	0.9997	0.8913	1.0006
重庆	0.7861	1.0099	0.7929	1.0116
东部	0.8214	0.9947	0.8368	0.9986
中部	0.7401	0.9817	0.7435	0.9850
西部	0.6511	0.9900	0.6535	0.9926
全国	0.7511	0.9909	0.7578	0.9942

资料来源：表中数据利用 MaxDEA6.18 软件输出而得。

由表 2 - 6 可以看出，在考虑资源环境因素后，中国的 30 个省区市的效率值除了 7 个省区市持平以外，其余均大于不考虑资源环境因素的情形，增幅最高的青海省达到 8.02%，效率变化值也有不同程度的高估。因此，资源环境因素在测算生产效率的时候不容忽视。

从技术效率指数绝对大小来看，东部地区 11 个省市的平均技术效率最高，为 0.8214。其中，北京市和上海市的技术效率已达到 1.0000，表明这两个城市在样本期内始终位于全国技术效率的前列，而广东省和天津市在东部地区的技术效率也很高。这说明，东部沿海省市可以更好地实现经济发展中的组织管理创新和资源优化配置。中部地区 8 个省份的平均技术效率为 0.7401，在三个地区中居中。其中，安徽省、黑龙江省、湖南省的技术效率达到了 0.8553，表明中部地区正在学习先进的管理经验和组织形式，优化产业结构，实现较高的生产效率。西部地区 11 个省区市的平均技术效率为 0.6511，是三大区域中最低的，低于全国平均水平 0.7511，仅四川省的技术效率超过了 0.8000，达到 0.8102。这说明，西部地区在提高自身技术效率方面仍然任重道远。为直观起见，中国的 30 个省区市分成东中西部三大区域的技术效率的对比柱状图，见图 2 - 6。

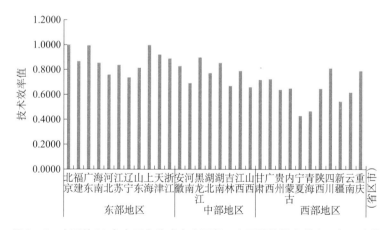

图 2 - 6 中国的 30 个省区市分成东中西部三大区域的技术效率几何平均值

从时间演变趋势来看，中国的 30 个省区市划分成东中西部三个区域后，对应的全局技术效率值有比较明显的阶段特征。在 2004～2008 年，只有东部地区的全局技术效率值随时间的推移有过缓慢上升，中部地区一直下降，而西部地区出现了轻微波动；在 2008～2017 年，东部地区的全局技术效率值走势平稳，均保持在 0.8000 左右，中部地区从 2010 年的0.7000 开始下降到 2012 年后平稳在 0.6500 左右，西部地区则一直处于下降态势，全局技术效率值低至 0.7000 以下。

就三大地区平均技术效率相互比较来看，2004～2006 年中部地区技术效率比东部地区要高，而 2007 年以后，东部地区则一直高于中部地区，并且，两者差距逐渐拉大，甚至在 2008 年以后，中部地区的平均技术效率低于全国平均水平，而西部地区技术效率在样本期一直排位最后，并且，低于全国平均水平，见图 2－7。

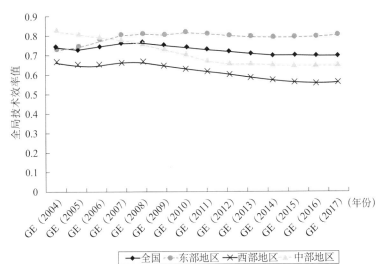

图 2－7　2004～2017 年全国和分东中西部三大区域全局技术效率值

二、全要素生产率的动态变迁

（一）中国省际技术效率水平变化的截面分析

除要了解各地区技术效率水平的动态趋势外，还需要进一步研究省际技术效率变化的动态趋势及差距。由图 2 - 7 可以看到，全国及东中西部地区平均技术效率水平的动态趋势基本一致，在 2004 ~ 2017 年都是先下降，然后上升，继而再下降的过程；而从 2010 年开始，各地区平均技术效率变化趋势则呈现出稳定下降态势。为分析省际技术效率的变化差异，本节将考虑资源环境因素前后中国省际技术效率的值进行对比，并将技术效率变化（EC）进一步分解为纯技术效率变化（PEC）和规模效率变化（SEEC），分析其构成成分，结果如表 2 - 7 所示。

表 2 - 7　　　　　　技术效率变化值的分解

地区	考虑资源环境因素			不考虑资源环境因素		
	SEEC	PEC	EC-ML	SEEC	PEC	EC-M
安徽	0.9991	0.9932	0.9923	0.9990	0.9984	0.9974
北京	1.0000	1.0000	1.0000	1.0000	1.0000	1.0000
福建	0.9993	0.9849	0.9842	0.9999	0.9851	0.9850
甘肃	0.9899	1.0035	0.9933	0.9901	1.0217	1.0116
广东	0.9974	1.0000	0.9974	0.9974	1.0000	0.9974
广西	0.9979	0.9628	0.9608	0.9979	0.9628	0.9608
贵州	0.9964	0.9907	0.9871	0.9981	1.0031	1.0012
海南	0.9684	1.0000	0.9684	0.9739	1.0000	0.9739

续表

地区	考虑资源环境因素			不考虑资源环境因素		
	SEEC	PEC	EC-ML	SEEC	PEC	EC-M
河北	0.9991	0.9825	0.9816	1.0080	0.9858	0.9937
河南	0.9910	0.9751	0.9663	1.0041	0.9729	0.9770
黑龙江	0.9972	0.9842	0.9815	0.9972	0.9842	0.9815
湖北	0.9995	0.9877	0.9873	1.0032	0.9878	0.9909
湖南	1.0019	0.9820	0.9839	1.0058	0.9820	0.9877
吉林	1.0021	0.9649	0.9669	1.0020	0.9650	0.9669
江苏	0.9876	1.0093	0.9967	0.9876	1.0093	0.9967
江西	0.9970	1.0007	0.9978	0.9969	1.0009	0.9978
辽宁	1.0005	0.9782	0.9786	1.0027	0.9803	0.9830
内蒙古	0.9958	0.9891	0.9850	0.9963	0.9897	0.9861
宁夏	0.9646	0.9890	0.9540	0.9716	0.9890	0.9609
青海	0.9514	1.0000	0.9514	0.9686	1.0000	0.9686
山东	0.9835	1.0076	0.9910	0.9995	1.0001	0.9997
山西	0.9950	0.9916	0.9866	0.9951	0.9948	0.9900
陕西	0.9981	0.9798	0.9780	0.9982	0.9829	0.9812
上海	1.0000	1.0000	1.0000	1.0000	1.0000	1.0000
四川	1.0021	1.0019	1.0040	1.0063	1.0019	1.0082
天津	0.9950	1.0000	0.9950	0.9950	1.0000	0.9950
新疆	0.9924	0.9956	0.9881	0.9924	0.9956	0.9881
云南	0.9975	0.9733	0.9709	0.9974	0.9817	0.9792
浙江	0.9953	1.0044	0.9997	0.9986	1.0020	1.0006
重庆	0.9972	1.0127	1.0099	0.9977	1.0140	1.0116
东部	0.9947	1.0000	0.9947	0.9986	1.0000	0.9986

续表

地区	考虑资源环境因素			不考虑资源环境因素		
	SEEC	PEC	EC-ML	SEEC	PEC	EC-M
中部	0.9990	0.9827	0.9817	1.0023	0.9827	0.9850
西部	0.9986	0.9914	0.9900	1.0012	0.9914	0.9926
全国	0.9909	1.0000	0.9909	0.9942	1.0000	0.9942

　　根据技术效率变化指数（EC）的含义，当 EC 大于 1.0000 时，表示技术效率水平提高；当 EC 小于 1.0000 时，表示技术效率水平降低。从表 2 – 7 中可以看出，北京市、上海市、四川省、重庆市的技术效率变化值 EC 都是大于等于 1.0000 的，说明这些地区的平均技术效率水平在样本期内是提高的。为直观起见，将考虑资源环境因素后中国的 30 个省区市分成东中西部三大区域的效率变化值绘制柱状图 2 – 8。

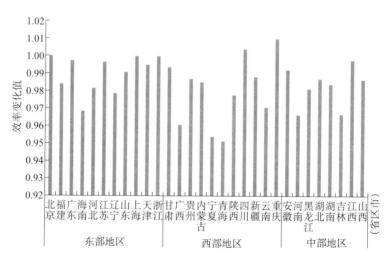

图 2 – 8　中国的 30 个省区市分成东中西部三大区域的效率变化值

从纯技术效率变化具体到省区市来看，东部 11 个省市中除了福建省、河北省和辽宁省的纯技术效率变化指数小于 1.00 以外，其他都是大于或等于 1.00 的，说明这些地区的资源配置或生产规模都实现了最优；在中部地区 8 个省区市中，只有江西省的纯技术效率变化指数大于 1.00；在西部地区 11 个省区市中，甘肃省、青海省、四川省和重庆市的纯技术效率变化指数大于 1.00，由此可见，东部地区在纯技术效率水平的提高上占绝对优势。

将规模效率变化具体到省区市来看，东部地区 11 个省市中只有北京市、辽宁省、上海市，中部地区 8 个省中只有湖南省、吉林省，西部地区 11 个省区市中只有四川省，这 6 个省市的规模效率变化指数大于等于 1，其余省区市全部小于 1，说明这些地区的资源配置效率不高，有待进一步改善，需要进一步调整生产规模。

从表 2-8 的地区平均技术效率变化构成来看，除少数地区外，大多数地区的规模效率变化大于纯技术效率变化，这表明大多数地区依靠规模效率来提高技术效率。从这三个地区来看，东部地区纯技术效率变化指数为 1.0000，是最高的，而西部地区和中部地区纯技术效率变化指数差异不大，分别为 0.9914 和 0.9827。中部地区规模效率变化值为 0.9990，是规模效率变化最高的，西部地区居中，为 0.9986，最低的是东部地区，为 0.9947。

表 2-8　　　　地区平均技术效率变化的源泉分解

地区	SEEC	PEC	EC	地区	SEEC	PEC	EC
安徽	0.9991	0.9932	0.9923	内蒙古	0.9958	0.9891	0.9850
北京	1.0000	1.0000	1.0000	宁夏	0.9646	0.9890	0.9540

续表

地区	SEEC	PEC	EC	地区	SEEC	PEC	EC
福建	0.9993	0.9849	0.9842	青海	0.9514	1.0000	0.9514
甘肃	0.9899	1.0035	0.9933	山东	0.9835	1.0076	0.9910
广东	0.9974	1.0000	0.9974	山西	0.9950	0.9916	0.9866
广西	0.9979	0.9628	0.9608	陕西	0.9981	0.9798	0.9780
贵州	0.9964	0.9907	0.9871	上海	1.0000	1.0000	1.0000
海南	0.9684	1.0000	0.9684	四川	1.0021	1.0019	1.0040
河北	0.9991	0.9825	0.9816	天津	0.9950	1.0000	0.9950
河南	0.9910	0.9751	0.9663	新疆	0.9924	0.9956	0.9881
黑龙江	0.9972	0.9842	0.9815	云南	0.9975	0.9733	0.9709
湖北	0.9995	0.9877	0.9873	浙江	0.9953	1.0044	0.9997
湖南	1.0019	0.9820	0.9839	重庆	0.9972	1.0127	1.0099
吉林	1.0021	0.9649	0.9669	东部	0.9947	1.0000	0.9947
江苏	0.9876	1.0093	0.9967	中部	0.9990	0.9827	0.9817
江西	0.9970	1.0007	0.9978	西部	0.9986	0.9914	0.9900
辽宁	1.0005	0.9782	0.9786	全国	0.9909	1.0000	0.9909

资料来源：表中数据利用 MaxDEA6.18 软件输出而得。

为直观起见，技术效率变化的分解，见图 2-9，从图中可见，东部地区除福建省、河北省和辽宁省外，绝大多数地区的纯技术效率变化都比规模效率变化要大。这说明，多数地区都是靠纯技术效率来提升技术效率的；中部、西部地区 19 个省区市中有 13 个省区市的规模效率变化都比纯技术效率变化要大，这说明，中西部地区提高技术效率更依赖于规模效率。这也体现出样本期内，东中西部三大区域技术效率提高的源泉有着明显差异。

（二）　中国区域技术效率水平变化的时间趋势分析

　　结合图 2 - 9 分析了中国的 30 个省区市划分成东中西部三个区域后全局技术效率（GE）指数的情况，GE 指数均没有大于 1.00，其时间演变趋势以 2009 年为界，呈现明显的阶段特征。而结合图 2 - 10 可以看出，从时间维度上来看，技术效率变化值也有明显的阶段特征。

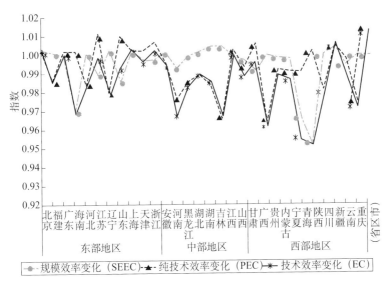

图 2 - 9　中国的 30 个省区市分成东中西部三大区域技术效率变化的源泉

　　具体情况是，在 2009 年以前，东中西部三大区域的技术效率变化差异很大，波动幅度在 0.96 ~ 1.01 区间，东部地区和西部地区分别有 2 年 EC 指数和 3 年 EC 指数大于 1.00，而

中部地区 EC 指数则一直在 0.98 以下，并且，东部地区和中部
地区基本上是下降趋势，只有西部地区经历了先上升、后下降
的过程。

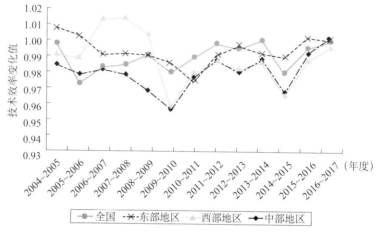

图 2 - 10　全国和东中西部三大区域的技术效率变化的增长趋势

2009 年之后，三大区域的 EC 指数在 0.97 ~ 0.99 区间，波
动幅度不大，特别是，中部地区、西部地区技术效率变化的趋
势差异不大，几乎吻合，而东部地区和中西部地区拉开距离，
并且，三大区域的技术效率变化除了 2014 ~ 2015 年出现了下
降，整体上仍处于上升趋势。

第四节　本章小结

本章结合方向性距离函数和 GML 指数分析了中国的 30 个

省区市 2004～2017 年的全要素生产率增长情况，从静态的技术效率和动态的全要素生产率增长两个方面进行了测算和分解。得出的结论有以下两点。

一、利用全局技术效率值分析了全要素生产率静态特征

中国东部 11 个省市的平均技术效率值最高，北京市和上海市在考察期内始终处于全国技术效率的前沿，东部地区的广东省和天津市的技术效率也较高。这说明，东部沿海省能够在经济发展中，更好地实现资源的优化配置和组织管理创新。中部地区 8 个省的平均技术效率比东部地区低，相对西部地区较高，西部地区 11 个省区市平均技术效率是最低的，说明西部地区在提高自身技术效率方面仍然任重道远。

从时间演变趋势来看，中国的 30 个省区市划分成东中西部三个区域后，对应的全局技术效率值有比较明显的阶段特征。在 2004～2008 年，只有东部地区的全局技术效率值随时间的推移有过缓慢上升，中部地区一直下降，而西部地区出现了轻微波动；在 2008～2017 年，东部地区的全局技术效率值走势平稳，中部地区从 2010 年的 0.70 开始下降到 2012 年后平稳，西部地区则一直处于下降态势。

就三大地区平均技术效率相互比较来看，2004～2006 年中部地区技术效率高于东部，而在 2007 年以后东部一直高于中部，并且两者差距逐渐拉大，甚至在 2009 年以后，中部的平

均技术效率低于高于全国平均水平，而西部省区市技术效率在整个样本期一直排位最后，并且低于全国平均水平。

从技术效率变化的构成来看，东部大部分省份的纯技术效率变化大于规模效率变化，这表明东部地区大多数省份依靠纯技术效率来提高他们的技术效率；在中西部 19 个省区市中有 13 个省（区、市）的规模效率的变化大于纯技术效率的变化，这表明中西部地区技术效率的提高更倾向来源于规模效率。东中西三大区域技术效率提高的源泉有着明显差异。

二、利用全局 ML 指数分析了 TFP 增长的动态特征

1. 从中国的 30 个省区市来看，各省区市 GM 指数和 GML 指数及其分解结果的特征

（1）资源环境约束对生产率的影响。考虑了能源投入和非期望产出的 GML 指数普遍不超过 GM 指数，说明了不考虑资源环境约束时 TFP 增长水平会被高估。

（2）从分区域来看，东中西部地区的 TFP 增长差异显著，其中东部和西部的平均生产率提高，而中部地区的平均生产率降低。

（3）从 TFP 增长来源来看，只有西部地区的技术效率指数大于技术进步指数，说明技术进步是东部地区和中部地区平均全要素生产率增长的主要动力。

（4）从时间趋势上来看，2004～2017 年，东中西部地区

的全要素生产率变化呈现出共同的阶段性特征。这种趋势变化与对应年份污染排放量的变化、环保政策的实施、全球的经济环境是息息相关的。污染排放的动态变化与东中西部三大区域的全要素生产率波动大体一致的现象进一步表明，非期望产出在全要素生产率的测算中不容忽视。

2. 从全国范围来看，中国 GM 指数和 GML 指数及其分解结果的特征

（1）资源环境约束对生产率的影响：考虑了能源投入和非期望产出的 GML 指数普遍不超过 GM 指数，说明不考虑资源环境约束时，全要素生产率增长水平会被高估。

（2）从 GML 指数大小来看，只有 2005～2008 年以及 2015～2017 年 GML 指数大于 1，即全国平均生产率处于提高状态，而其余年份全国平均生产率有所下降。与前述分东中西部三大区域讨论的随时间变化趋势大体保持一致，这与全球的经济环境以及中国出台实施的环境政策密不可分。

（3）从全要素生产率增长来源来看，技术变化指数 TC 随时间的变动趋势几乎与 GML 指数一致，而技术效率指数 EC 随时间的变动趋势与 GML 指数相差甚远，说明技术进步主导了中国全要素生产率增长，是其主要来源。

第三章 资源环境约束下中国省际全要素生产率的收敛性研究

在经济增长研究中，收敛问题一直是研究的核心内容之一，广为学术界关注。以索洛（Solow，1956）模型为基础，主要关注经济增长是否存在新古典增长理论中的"稳态"，从落后经济体和先进经济体之间的差异随时间变化的角度进行对比分析。其基本思想是，初始状态不同的经济体之间发展水平的差异会随着时间的推移逐渐缩小，达到一种相对稳定的状态，因此，涉及两种不同的收敛概念。党的十六届三中全会以来，中国实施了一系列促使区域经济协调发展的战略措施，如振兴东北老工业基地、积极推进西部大开发、中部崛起等。[①] 现阶段，中国特色社会主义进入新时代，区域经济和环境协调发展、可持续发展上升到国家发展战略高度。时至今日，区域之间的经济增长差异大小如何、是否有趋同现象、产生差异背后可能的因素有哪些，这些研究将有助于不同区域明晰未来的发展方向。

第二章从静态、动态两方面对资源环境约束下中国各省区市的全要素生产率水平和增长进行了分析，本章将根据前面章

---

① 中国共产党第十六届中央委员会第三次全体会议 [EB/OL]. http：// cpc. people. com. cn/GB/64162/64168/64569/65411/4429167. html.

节资源环境约束下中国省际全要素生产率的测算结果，从全要素生产率增长的视角对全局 ML 指数的收敛性进行检验，分析中国的 30 个省区市之间全要素生产率的差异，从动态视角，探讨中国省际全要素生产率的收敛性，即对中国各省区市之间全要素生产率增长差异随时间的演化趋势进行分析，研究中国各省区市全要素生产率增长的趋同问题。

第一节　收敛假说和收敛机制

收敛的概念分为两种：第一种概念是绝对收敛，无论条件如何，落后经济体比先进经济体增长更快，以追赶上先进经济体；第二种概念是条件收敛，这意味着，在技术相同且其他条件相同的情况下，人均产出低的经济体增长率要高于人均产出高的经济体。即当经济远离均衡状态时，其增长速度要快于接近均衡状态时的增长速度。本节旨在阐明在资源和环境约束下，中国省际全要素生产率的趋同机制或发散机制。

一、收敛假说

新古典经济增长理论中假设经济体是封闭的，不同经济体的收入差距会随着时间的推移而减小；尽管地区间在技术、禀赋和制度上存在差异，但这种差距比国家间的差距要小，各地区更可能向稳态收敛，因此，在国家内各地区间出现绝对收敛的可能性大于在国家之间。

根据新古典增长模型，可以推出增长方程式为：

$$\ln(y_{it}/y_{i,t-1}) = a_{it} - (1 - e^{-\beta})\ln y_{i,t-1} + u_{it} \qquad (3-1)$$

在式（3-1）中，下标 t 表示年，i 表示经济体。该理论表明，如果所有经济体截距相同且 $\beta > 0$，那么，式（3-1）表明，落后经济体因为基期值小而使方程左边的增长率更大，即比先进经济体增长得更快。因此，新古典经济增长理论是支持经济落后地区对先进地区的追赶这一收敛假说的。

收敛假说是政府部门进行宏观调控、区域间经济社会协调发展的坚实的理论依据。如果省际全要素生产率趋于一致，那么，意味着当前的经济政策和环境政策将有助于缩小落后省区市和先进省区市之间的差距；如果没有趋同，意味着在当前情况下，全要素生产率的差距将进一步扩大。因此，有必要适当调整经济政策，进一步对要素配置效率进行优化，加强对落后地区的技术支持。

二、收敛机制

根据新经济增长理论，经济增长主要来源于效率改善和技术进步，最开始研究收敛性的有鲍莫尔·W.（Baumol W.）[①]，指出技术扩散有助于经济落后地区追赶发达地区。收敛机制从微观层面来讲，在资源环境硬性约束下，作为理性经济人的企业倾向于使用更高效的环保技术从事生产活动，作为理性消费者，

---

① Baumol W. Productivity Growth, Convergence and Welfare: What the Long-run Data Show [J]. American Economic Review, 1986, 76: 1072 – 1085.

也更愿意使用环保产品，都将促使企业生产中尽可能高效利用有限能源并减少污染排放，使企业绿色生产效率提升。

从中观层面来讲，区域内的要素投入配置、产业结构优化调整、能源消费结构的变化，会提升该区域的全要素生产率，从而引起其他区域的模仿追赶，缩小区域间的全要素生产率差异，达到经济增长的收敛。

从宏观层面来讲，中国作为世界第二大经济体，在国际上承担着更多的环境压力，政府对区域环境质量的干预手段只会加强，加大在清洁生产技术等领域的研发和投入，这都会有效地提升区域在资源环境约束下的生产效率。

全要素生产率的收敛机制是技术扩散将带动地区间技术水平的趋同，因为技术溢出效应将使劳动平均产出趋同。落后地区可以通过学习和引进发达地区的先进技术来提高技术创新速度，但同时可能出现因过于依赖发达地区的技术而疏于自主技术创新，而不能缩小生产效率差距的局面。

第二节　收敛方法说明

在新古典经济理论中，分析收敛性的方法主要被分为三种类型：σ 收敛、绝对 β 收敛及条件 β 收敛。萨拉 – 伊 – 马丁（Sala-I-Martin X. ）[1] 认为，σ 收敛是指，横截面的人均收入或

---

[1]　Sala-I-Martin X. The Classical Approach to Convergence Analysis [J]. The Economic Journal, 1996, 106: 1019 – 1036.

产出的标准差会随着时间变化逐渐缩小，最后趋于稳态水平的现象。绝对 β 收敛意味着人均收入或产出趋于相同的稳定水平。但是，许多理论和实证研究表明，结构差异较大的经济体的经济增长未收敛到同一水平，是会趋向各自不同的稳态水平，制度、文化和禀赋结构相似的经济体则表现出明显的收敛趋势。盖勒（Galor，1996）将这种期初经济水平变量相近的经济体之间，在具有相似经济结构的基础上达到的收敛定义为条件 β 收敛。

具体到资源环境约束下中国的 30 个省区市的全要素生产率的收敛性而言，分析 σ 收敛性，只需要对中国各省区市的全要素生产率增长的标准差分布状况进行考查，如果随着时间推移全要素生产率增长的标准差逐渐减小，那么，说明存在 σ 收敛，否则，不存在 σ 收敛。β 收敛则是对经济增长率和初始经济水平之间的线性关系进行分析。

一、σ 收敛

σ 收敛性检验，一般用反映离散程度的统计指标（标准差、变异系数）进行衡量。用 GML_{it} 表示中国第 i 个省（区、市）第 t 年的 TFP 值；$\overline{GML_t}$ 表示 t 年各省（区、市）的全要素生产率平均值；N 表示省（区、市）的个数；σ_t 表示 t 年的标准差，定义为：

$$\sigma_t = \sqrt{\frac{1}{N-1}\sum_{i=1}^{N}\left(GML_{it} - \overline{GML_t}\right)^2} \qquad (3-2)$$

二、β 收敛的空间面板模型

对于 β 收敛的研究，目前，文献中较为常见的有横截面分析方法和普通面板分析方法，使用空间面板分析方法的研究相对较少，但是，相比而言空间面板模型，既考虑了省区市之间的异质性，还考虑了空间上的关联性。考虑到现实中区域间的关联性客观存在，本章采用空间面板模型来分析绝对 β 收敛和条件 β 收敛。

（一）绝对 β 收敛

资源环境约束下的省际全要素生产率的绝对 β 收敛性主要是检验全要素生产率是否趋近于同一稳态水平，从本质上来说，就是考察全要素生产率的增长率是否与其初始水平存在负相关关系。本节借鉴巴罗·R.（Barro R.），萨拉－伊－马丁·X.（Sala-I-Martin X.，1992）[①] 的经典分析思路，对式（3－1）适当推导，加入空间因素将其调整为式（3－3）：

$$\frac{1}{T}(\ln\text{TFP}_{it} - \ln\text{TFP}_{i0}) = \alpha + \beta \ln\text{TFP}_{i0} + \rho W(\ln\text{TFP}_{it} - \ln\text{TFP}_{i0}) + \varepsilon_i$$

$$(3-3)$$

在式（3－3）中，T 表示时期，那么，根据时点 0 和时点 T 两处的观测值作差 $\ln\text{TFP}_{it} - \ln\text{TFP}_{i0}$，可以表示 T 时期内的全要素

---

① Barro R., Sala-I-Martin X. Convergence [J]. The Journal of Political Economy, 1992, 100: 223-251.

生产率的变化率，$\ln TFP_{i0}$ 表示第 i 个省（区、市）在初始时期的 TFP；α、β、W 分别表示截距项、收敛系数和空间权重矩阵；ε_i 是随机扰动项。如果系数 β 小于 0，那么，表明存在绝对 β 收敛；否则，不存在绝对 β 收敛。这样，可以验证落后地区的全要素生产率水平对发达地区是否有追赶效应。根据曼昆（Mankiw）等的相关研究，绝对 β 收敛速度 λ 与式（3 – 3）中收敛系数 β 的关系为：

$$\beta = -(1 - e^{-\lambda T}) \qquad (3-4)$$

（二）条件 β 收敛

与绝对收敛不同，条件收敛研究的是不同经济体在各自特定的经济条件下，能否趋近于各自不同的稳态水平，承认落后经济体与发达经济体持续存在差距。本章在绝对 β 收敛模型基础上，加入部分控制变量以描述中国各省区市不同的经济条件，结合空间因素，建立空间面板模型分析中国各省区市全要素生产率增长是否具有条件 β 收敛。考虑到个体间存在空间滞后或回归残差存在空间相关性，采用比空间自回归（SAR）模型和空间误差（SEM）模型更一般化的 SARAR 模型，模型构建如下：

$$\frac{1}{T}(\ln TFP_{i,t+1} - \ln TFP_{i,t}) = \alpha + \beta \ln TFP_{i,t} + \rho W(\ln TFP_{i,t+1} - \ln TFP_{i,t})$$

$$+ \gamma X_{it} + \mu_i + v_t + \varepsilon_{it}$$

$$\varepsilon_{it} = \lambda M \varepsilon_{it} + u_t \qquad (3-5)$$

在式（3 – 5）中，T 表示时期，那么，根据时点 0 和时点 T 两处的观测值作差$\ln TFP_{it} - \ln TFP_{i0}$，可以表示 T 时期内的 TFP 变化率，$\ln TFP_{i,t}$表示第 i 个省（区、市）在 t 时期的 TFP；X_{it} 表示控制变量向量；ε_{it}是随机扰动项；μ_i、v_t 表示个体效应和时间效应，α、β、γ 分别表示常数项、空间收敛系数、控制变量系数，W、M 分别表示被解释变量和扰动项的空间权重矩阵，两者可以相等。

第三节　资源环境约束下中国省际全要素生产率的收敛性实证分析

一、σ 收敛检验和结果

本节采用第二章测算出来的省际 GML 指数值，考察资源环境约束下中国省际全要素生产率的收敛性，看中国各省区市之间的全要素生产率增长是否有趋同趋势或发散趋势。

全要素生产率测度结果是环比指数，为方便起见，借鉴大多文献的做法，把 2004～2005 年的 GML 指数称为 2005 年的全要素生产率指数，之后各个年份以此类推。根据式（3－2）计算出中国的 30 个省区市、东中西部省区市的全要素生产率指数的标准差，看是否随着时间的推移而减小，以判断 σ 的收敛性情况。然后，计算出各区域的 GML 指数值的变异系数进行对比，结果见表 3－1。

表3-1　2005～2017年中国的30个省区市分成东中西部
三大区域后TFPσ收敛性检验

年份	全国		东部地区		中部地区		西部地区	
	标准差	变异系数	标准差	变异系数	标准差	变异系数	标准差	变异系数
2005	0.0351	0.0357	0.0285	0.0285	0.0262	0.0271	0.0414	0.0426
2006	0.0304	0.0302	0.0242	0.0236	0.0299	0.0304	0.0247	0.0247
2007	0.0348	0.0344	0.0319	0.0311	0.0358	0.0363	0.0294	0.0290
2008	0.0320	0.0320	0.0291	0.0289	0.0307	0.0314	0.0310	0.0308
2009	0.0337	0.0345	0.0295	0.0297	0.0344	0.0359	0.0319	0.0327
2010	0.0317	0.0321	0.0264	0.0264	0.0250	0.0256	0.0375	0.0384
2011	0.0339	0.0348	0.0307	0.0312	0.0193	0.0198	0.0420	0.0438
2012	0.0260	0.0265	0.0320	0.0324	0.0134	0.0137	0.0273	0.0280
2013	0.0318	0.0321	0.0305	0.0305	0.0202	0.0204	0.0369	0.0379
2014	0.0326	0.0333	0.0335	0.0336	0.0201	0.0205	0.0311	0.0324
2015	0.0319	0.0322	0.0245	0.0244	0.0231	0.0233	0.0359	0.0369
2016	0.0295	0.0295	0.0272	0.0268	0.0161	0.0161	0.0364	0.0367
2017	0.0282	0.0279	0.0191	0.0188	0.0241	0.0236	0.0366	0.0366

资料来源：笔者根据第二章测算结果计算整理而得。

　　为直观起见，将中国的30个省区市分成东中西部三大区域后的GML指数值的标准差结合折线图分析，见图3-1。就全国而言，2005～2017年，资源环境约束下的GML值标准差波动幅度相对较小，并且，整体曲线略有下降，呈现收敛趋势。只在2011～2012年，先下降、后上升，呈现出明显的"V"形变化结构。

　　东部省市在2005～2007年呈现出轻微的发散趋势；2007～2010年和2014～2017年则出现了明显的收敛现象，说明2007～2014年东部地区各省市之间的内部差距先缩小又扩大，总体来看，存在并不明显的收敛现象。

　　中部省2005～2017年GML指数的标准差波动幅度较大，但2007～2012年全要素生产率标准差整体下降，呈现明显的收敛趋势，2012 年后缓慢上升，中部地区省份之间的差距有所扩大。

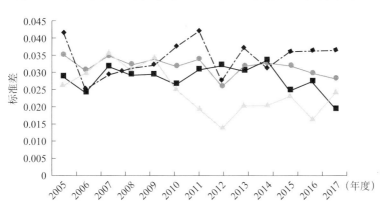

图 3 - 1　中国的 30 个省区市分成东中西部三大区域 GML 指数值的
标准差的时间演变

　　如图 3 - 1 所示，西部省区市的全要素生产率标准差的时间演变趋势振荡幅度剧烈，2006 ~ 2011 年一直上升，出现明显的发散现象，而 2011 ~ 2014 年则波动较大，不易判断其是否存在 σ 收敛，2014 年以后，缓慢上升，呈现轻微发散趋势。

　　值得注意的是，各区域 GML 指数标准差变化的一个共同特点是，都在 2011 ~ 2012 年出现了较为明显的转折。

　　为了进一步检验资源环境约束下中国省际全要素生产率的收敛状况，本章考查全要素生产率在第 t 年的标准差 σ_t 与时间 t 的趋势拟合关系，用式（3 - 6）进行回归。

$$\sigma_t = c + \lambda t + \mu_t \qquad (3 - 6)$$

当系数 λ 大于 0 并且通过显著性检验时，则说明，省际全要素生产率水平随着时间的推移而扩大，不存在 σ 收敛；反之，当

系数 λ 为负数且通过显著性检验时，说明省际生产率水平的差异在逐渐减小，呈现出 σ 收敛现象。对中国三大区域全要素生产率 σ 收敛进行检验，结果如表 3 - 2 所示。

表 3 - 2　　中国的 30 个省区市分成东中西部三大区域全要素生产率 σ 收敛检验结果

检验结果	中国的 30 个省区市	东部地区	中部地区	西部地区
系数	− 0. 0004	− 0. 0003	− 0. 0011	0. 0003
P 值	0. 0616	0. 3718	0. 0182	0. 4575

资料来源：根据模型 3 - 3 计算而得。

表 3 - 2 的统计性检验结果与前文的分析结论基本吻合，即资源环境约束条件下中国的 30 个省区市和中部省份的全要素生产率增长具有 σ 收敛趋势；而东部省市和西部省区市的 P 值都没有通过显著性检验，全要素生产率增长没有呈现 σ 收敛趋势。

三大区域进行比较，西部地区的标准差最大，这意味着，西部各省区市之间的经济发展差距相对较大，西部各省区市并没有实现协调发展；东部地区在样本期内呈现阶段性 σ 收敛趋势，表明对应时间段内，东部省市之间的经济发展相对均衡，内部差距随着时间推移而减小。中部地区的全要素生产率标准差大多数年份比东部地区和西部地区要小，说明中部省份全要素生产率的差异比其他地区相对较小，发展比较均衡。

二、绝对 β 收敛的空间计量检验

（一）空间自相关检验

无论是绝对 β 收敛还是条件 β 收敛，使用空间计量模型时，都要先进行空间自相关检验。本章测算全要素生产率增长时采用的是全局参比的 GML 指数，具有传递性可以累乘的性质，因此，用第二章测算的累计 GML 指数（CGML）作为被解释变量，用普遍使用的 Moran 指数来检验 CGML 的空间自相关性，以考察样本期内全要素生产率增长是否有空间依赖性。Moran 指数统计量定义为：

$$I = \frac{\sum\limits_{i=1}^{n} \sum\limits_{j=1}^{n} w_{ij}(x_i - \bar{x})(x_j - \bar{x})}{S^2 \sum\limits_{i=1}^{n} \sum\limits_{j=1}^{n} w_{ij}} \qquad (3-7)$$

在式（3-7）中，S^2 表示样本方差，w_{ij} 表示空间权重矩阵的 i 行 j 列的元素，用来表示区域 i 和区域 j 之间的距离，本章使用的空间权重矩阵用地理距离构建，相邻为 1，不相邻为 0。莫兰（Moran）指数大于 0 表示正自相关，莫兰指数小于 0 表示负自相关，即高值相邻和低值相邻；莫兰指数接近于 0，表示空间分布是随机的，不存在空间自相关。统计量的检验结果见表 3-3。

表 3-3　　全国和东中西部三大区域空间全局自相关检验

Moran 指数	全国	东部地区	中部地区	西部地区
绝对收敛	0.192 ***	0.543 ***	0.304 ***	0.084
	(5.638)	(6.907)	(3.489)	(1.534)
条件收敛	0.247 ***	0.285 ***	0.196 ***	0.185 ***
	(7.052)	(3.564)	(2.209)	(3.072)

注：*、**、*** 分别表示通过 10%、5%、1% 显著性水平检验，括号内为 Z 统计量。

表 3-3 可以看到，绝对收敛分析时，在中国三大区域中，除了西部地区之外，其他地区的莫兰（Moran）指数全部在

1% 显著性水平上显著，且都存在正自相关；而条件收敛分析中，所有区域的莫兰（Moran）指数都在 1% 显著性水平上显著，说明 CGML 指数存在高度空间正自相关。进一步建立空间计量模型，对绝对 β 收敛和条件 β 收敛进行检验。

（二）绝对 β 收敛检验

因为使用的是面板数据，根据豪斯曼（Hausman）检验确定应选择固定效应模型还是随机效应模型，结果 P 值为 0.000，拒绝随机效应模型的原假设，选择固定效应模型。根据式（3 - 3）用 SARAR 模型进行估计，为避免空间计量模型极大似然（MLE）估计量的大样本理论尚不健全，本章采用广义空间二段最小二乘法（GS2SLS）进行估计。其优点是计算方便且结果稳健，在异方差情况下也成立。2004 ~ 2017 年，全国和三大区域的全要素生产率绝对 β 收敛检验结果，见表 3 - 4。

表 3 - 4　中国的 30 个省区市分成东中西部三大区域全要素生产率
绝对 β 收敛性检验

指标	全国	东部地区	中部地区	西部地区
$lnTFP_{i0}$	- 0.151 ***	- 0.102 ***	- 0.132 ***	0.180 ***
	(0.0148)	(0.0195)	(0.0258)	(0.0265)
ρ	- 0.170 *	0.127	- 0.398 ***	- 0.379 **
	(0.0747)	(0.0829)	(0.105)	(0.118)
收敛速度 λ	0.0136	0.0090	0.0118	0.0165
N	360	132	96	132

注：*、**、*** 分别表示在 10%、5%、1% 显著性水平下显著，括号内为稳健标准误。

从表 3 - 4 可以看出，全国、东部地区和中部地区的

$\ln TFP_{i0}$ 系数全部为负数，且在 1% 的显著性水平下高度显著，说明全国、东部地区、中部地区的全要素生产率增长都存在绝对 β 收敛，增长差距在逐步缩小，收敛速度分别为 1.36%，0.9%，1.18%，而西部地区不存在绝对 β 收敛，增长差距仍然存在，西部地区各省区市之间的发展不均衡。

三、条件 β 收敛的空间计量检验

控制变量决定了经济体的稳态，选择时既要能体现出各经济体的特征，还要无随机性，基于以往文献经验研究，选择以下五个变量作为式（3-5）中的控制变量。

（1）经济发展水平。以人均国内生产总值（PGDP）表示，根据相应指数折算成 2004 年不变价。

（2）结构因素。禀赋结构以资本－劳动比（KL）表示；产业结构以工业增加值占 GDP 的百分比（INDY）表示。

（3）资源环境因素。资源因素以中国各省区市煤炭消费量占能源消费总量的百分比（COALE）表示；环境因素以环境污染治理投资占地区生产总值的比重（CY）表示。

（4）科技因素。以研究及开发机构 R&D 经费内部支出占 GDP 百分比（RDY）表示。

（5）涉外因素。外资因素以实际利用外商直接投资额占 GDP 的百分比（FDIY）表示。

本章的所有图表、数据，如无特殊说明，均来自上述指标对应的数据库。

首先，豪斯曼（Hausman）检验结果的 P 值为 0.001，拒绝随机效应的原假设，选择个体和时间双固定效应模型。根据 SARAR 模型（3－5）对 2004～2017 年全国和三大区域的 TFP 条件 β 收敛进行估计，结果见表 3－5。

表 3－5　　全国和三大区域全要素生产率条件收敛性检验

变量	全国	东部地区	中部地区	西部地区
$lnTFP_{i,t}$	－0.472***	－0.667***	－0.506***	－0.524***
	（0.0429）	（0.0738）	（0.0919）	（0.0677）
PGDP	－0.0346***	－0.0668***	－0.0456**	－0.0560***
	（0.0072）	（0.0120）	（0.0155）	（0.0133）
KL	0.0024***	0.0032***	0.0046***	0.0039***
	（0.0004）	（0.0006）	（0.0011）	（0.0009）
INDY	－0.0796*	－0.196*	（0.0194）	（0.0752）
	（0.0340）	（0.0797）	（0.0474）	（0.0666）
COALE	（0.0586）	0.0177	（0.0602）	－0.127*
	（0.0327）	（0.0442）	（0.0694）	（0.0628）
CY	－0.00556*	（0.0004）	0.0007	－0.0121*
	（0.0028）	（0.0039）	（0.0051）	（0.0054）
RDY	－0.0455**	－0.0578**	0.0340	（0.0207）
	（0.0175）	（0.0190）	（0.0715）	（0.0398）
FDIY	0.00616***	0.0024	0.0005	0.0180***
	（0.0016）	（0.0019）	（0.0040）	（0.0044）
ρ	0.249***	0.204**	0.223*	0.1270
	（0.0493）	（0.0705）	（0.0879）	（0.0909）
收敛速度	0.0532	0.0916	0.0588	0.0619
N	360	132	96	132

注：*、**、***分别表示在 10%、5%、1% 的水平下显著，括号内为稳健标准误。

其次，全国样本 $lnTFP_{i,t}$ 的系数－0.472，在 1% 的显著性水平上显著，说明存在条件 β 收敛，收敛速度为 5.32%，三大区域 $lnTFP_{i,t}$ 系数全部为负，而且，在 1% 的水平下显著，说明存

在条件 β 收敛。在由本章选取的控制变量决定的不同经济条件下，东中西部地区的全要素生产率增长会以 9.16%、5.88%、6.19% 的收敛速度逐步收敛到各自均衡水平。

第四节　本章小结

本章先对收敛假说和收敛机制进行了介绍，然后，对分析收敛性的方法分类做了说明，将空间因素考虑进来，用莫兰（Moran）指数来初步检验 CGML 指数的空间自相关性。结果表明，样本期内全要素生产率增长有高度的空间自相关，进一步利用空间面板模型分别对中国的 30 个省区市和三大区域的全要素生产率进行了收敛性实证分析，得出以下三个结论。

（1）资源环境约束条件下全国和中部省市的全要素生产率增长具有 σ 收敛趋势；而东部省市和西部省区市的全要素生产率增长没有呈现 σ 收敛趋势。

（2）绝对 β 收敛检验和结果来看，全国、东部地区、中部地区的全要素生产率增长都存在绝对 β 收敛，增长差距在逐步缩小，收敛速度分别为 1.36%、0.9%、1.18%。而西部地区不存在绝对 β 收敛，增长差距仍然存在，西部各省区市之间的发展不均衡。

（3）条件 β 收敛检验和结果来看，全国样本存在条件 β 收敛，收敛速度为 5.32%，三大区域也存在条件 β 收敛，在控制变量决定的经济环境差异下，东中西部区域的全要素生产率增长以不同的收敛速度逐步收敛到各自的均衡水平。

第四章　资源环境约束下中国省际全要素生产率增长的影响因素研究

　　现代经济增长的分析都是在新增长理论框架下进行的，经典理论的索洛模型中假定只有劳动和资本两种生产要素，内生增长模型在此基础上进行了两个方向的拓展：一个方向是把技术进步内生化；另一个方向是对资本概念进行拓展，引入人力资本因素。1993 年，世界银行首次提出"东亚奇迹"。经济学家一直在争论以"四小龙"为代表的东亚经济增长模式，尤其是其全要素生产率。按照理论预期，中国要实现可持续发展，就必须转变经济增长方式，依靠提高全要素生产率，特别是与技术进步有关的生产力来促进经济增长，是实现可持续发展的必然途径。本章在中国省级全要素生产率测算和收敛性分析的基础上，从静态的技术效率提升和动态的全要素生产率增长两个视角分别探讨影响中国各省区市全要素生产率增长差异的因素，并将资源因素和环境因素对区域间全要素生产率的影响效应进行比较分析。

第一节 资源环境约束下中国省际技术效率的影响因素分析

一、资源环境因素对全要素生产率的影响机制

经济增长理论将生产需要的投入要素大致归为资本、劳动和技术水平三类。但是，影响全要素生产率的因素则因经济体而异。首先，经济规模是生产的基础，中国经济发展正处于调结构、促增长的转型期，各区域的禀赋结构、产业结构对生产率有直接影响。其次，内生经济增长理论表明，内生化的技术进步是影响经济体长期增长的重要因素，技术进步表现为质量改进和产品种类增加。在熊彼特（Schumpeter，1934）的质量阶梯模型中，根据当前技术水平与最高质量梯级的正相关关系或负相关关系得出，先进的研发部门和不先进的研发部门有不同的预期增长率，从而会带来经济体有上升的增长率或下降的增长率。故研发技术对生产率有重要影响。最后，改革开放以来的经验表明，外商直接投资（FDI）有利于扩大生产规模、带来先进的管理理念并提高技术效率，故用外商直接投资来衡量经济外向程度。

关于环境污染对经济增长的影响，学术界主要是在"Kuznets 曲线"理论假设下展开，但这个假设的缺陷在于容易

误导人们以为环境问题会随着经济的不断增长自然解决。传统经济理论普遍认为，实现经济增长与环境保护不可双赢，而波特则提出，适当的环境管制可以促使企业进行技术革新，由技术革新带来的效益可以部分抵消甚至超过遵循环境管制所产生的成本，这便是著名的"波特假说"。

关于资源和经济增长的理论，奥蒂（Auty）[①] 提出"资源诅咒"的命题，即大量开发自然资源并不一定能带动资源丰裕区域的经济发展，甚至还会产生一系列负面效应而拖累区域经济发展。这一悖论现象概括了资源对经济增长的影响机制，分为"荷兰病"效应、挤出效应和制度弱化效应三个方面。其中，"荷兰病"的经典模型是由科登和内亚里（Corden and Neary，1982）首次提出，认为资源丰富可以产生资源转移效应、相对价格效应和支出效应而使制造业逐渐衰落。制造业部门具有技术外溢和边干边学的特征，而初级产业部门间彼此缺乏联系，甚至对人力资本的要求也相当低，从长期来看，人才外流削弱人力资本积累，从而导致经济衰退。挤出效应主要包括，人力资本投资的内在动力不足、企业家会去从事初级产品生产而挤出创新行为；制度弱化效应体现在，对自然资源所带来的高额经济租的分配过程和再分配过程中，为寻求利益最大化，各利益集团会增加行贿等寻租和腐败的可能，扭曲资源收入分配，弱化政府的制度质量而抑制经济增长（Auty，2001；邵帅和齐中英，2008）。

---

① Auty R. M. Sustaining Development in Mineral Economies：The Resource Curse Thesis［M］．London：Routledge. 1993.

　　根据第二章对全要素生产率增长率的分解可以发现，中国各省区市之间技术效率的差异很大，而技术进步的差异相对较小，但从时间趋势上来看，则是技术进步主导全要素生产率增长。要素质量提高、知识进步、资源配置、生产规模、制度因素等外部环境都是全要素生产率变动的决定因素。就微观企业而言，要素质量和知识进步可以体现在技术进步中，而劳动、资本等要素的合理配置、生产规模以及外部环境则可以提升企业的生产效率。能源投入因素、环境因素则是影响全要素生产率提升的重要因素。参考既有研究成果以及经济增长理论所涉及的相关因素，同时，考虑数据可得性及可比性，本节对中国的 30 个省区市的全局技术效率值从自身因素和涉外因素两个方面，分析资源环境约束的影响。

二、方法和模型

1. 混合效应回归模型

混合回归模型——面板数据回归模型中，如果自变量对因变量不存在显著的随时间或者随个体变化的效应，则被称为混合效应回归模型，方程如下：

$$y_{it} = \alpha + x'_{it}\beta + z'_i\delta + \varepsilon_{it} \tag{4-1}$$

在式（4-1）中，α 就是相同的个体效应。

2. 固定效应回归模型

固定效应回归模型考虑每个个体不随时间变化的特质，理论上剔除了不随时间变化的因素，只留下组内差异，进而得到准确的回归结果。固定效应模型表示为：

$$y_{it} = x'_{it}\beta + z'_i\delta + u_i + \varepsilon_{it} \qquad (4-2)$$

在式（4-2）中，个体效应 u_i 至少与解释变量 x_{it}、z_i 中的一个相关，在这种情况下，OLS 估计会不一致，可将模型转换消去 u_i 后获得一致估计量。$u_i + \varepsilon_{it}$ 称为扰动项，也称为复合扰动项。

固定效应模型有个体固定效应模型和时间固定效应模型。其中，个体固定效应模型解决了不随时间而变，但随个体而异的遗漏变量问题，但还可能存在不随个体而变，但随时间而变的遗漏变量问题；时间固定效应模型可以解决的是不随个体变化，但随时间变化的遗漏变量问题。因此，在个体固定效应模型基础上，加入时间固定效应得到：

$$y_{it} = x'_{it}\beta + z'_i\delta + l_t + u_i + \varepsilon_{it} \qquad (4-3)$$

在式（4-3）中，l_t 表示时间固定效应，不随个体变化而变。在此方程中，不仅考虑了个体效应 u_i，而且考虑了时间固定效应，因此，被称为双向固定效应回归模型。

3. 随机效应回归模型

随机效应回归模型是固定效应模型的推广，就是将原本固定效应模型中的回归系数当作随机变量。随机效应模型为：

$$y_{it} = x'_{it}\beta + z'_i\delta + u_i + \varepsilon_{it} \qquad (4-4)$$

在式（4-4）中，个体效应 u_i 与所有的解释变量 x_{it}、z_i 都不相关，因此，OLS 估计是一致的。

从经济理论角度来看，虽然随机效应模型不多见，但仍需要通过数据来检验究竟该用随机效应模型还是固定效应模型，因此，进行如下分析。

三、样本选择与数据处理

参考前人已有研究成果以及上述经济增长理论所涉及的相关因素，同时考虑数据可得性及可比性，本节将影响全要素生产率的因素分为自身因素和涉外因素两个方面，针对能直接度量中国的 30 个省区市技术效率水平的全局技术效率 GE 指数进行分析。

具体指标如下：

（1）经济发展水平。以人均地区生产总值（PGDP）表示，折算成 2004 年不变价。

（2）结构因素。禀赋结构以资本—劳动比（KL）表示；产业结构以工业增加值占 GDP 百分比（INDY）表示。

（3）资源环境因素。资源因素以中国各省区市煤炭消费量占能源消费总量的百分比（COALE）表示；环境因素以环境污染治理投资占 GDP 比重（CY）表示。

（4）科技因素。以研究及开发机构 R&D 经费内部支出占地区生产总值百分比（RDY）表示。

（5）外资因素。以实际利用外商直接投资额占地区生产总值的百分比（FDIY）表示。

本章所有的图表、数据，如无特殊说明，均来自上述指标的数据库。

全局技术效率 GE 指数分两种情形计算：用 GE1 表示不考

虑资源和环境约束情形下的技术效率值，此时，需剔除资源和污染排放指标，重新计算全局效率值后，再根据检验结果选择合适的模型做计量分析。GE2 表示考虑资源和环境约束情形下的技术效率值，所用各指标的描述性统计，见表 4 - 1。

表 4 - 1 各指标的描述性统计

指标	平均值	标准差	最小值	最大值	观测数
GE1	0.7203	0.1442	0.3236	1.0000	390
GE2	0.7174	0.1432	0.3104	1.0000	390
PGDP	10.1361	0.6058	8.4729	11.6139	390
KL	14.7538	9.6618	2.0531	56.8387	390
INDY	0.3942	0.0823	0.1184	0.5304	390
COALE	0.5976	0.1685	0.0497	0.9218	390
CY	1.3543	0.6715	0.3000	4.2400	390
RDY	0.2808	0.5063	0.0264	3.0536	390
FDIY	2.3485	1.7785	0.0386	8.1914	390

四、计量模型构建、参数估计和结果分析

第一，考虑对有资源和环境因素时和无资源因素和环境因素时 GE 的影响因素情况进行对比分析，分别构建对应的回归方程为：

$$GE1_{it} = \alpha + \beta_1 PGDP_{it} + \beta_2 KL_{it} + \beta_3 INDY_{it} + \beta_4 RDY_{it}$$
$$+ \beta_5 FDIY_{it} + u_i + \varepsilon_{it} \qquad (4-5)$$

$$GE2_{it} = \alpha + \beta_1 PGDP_{it} + \beta_2 KL_{it} + \beta_3 INDY_{it} + \beta_4 COALE_{it}$$
$$+ \beta_5 CY_{it} + \beta_6 RDY_{it} + \beta_7 FDIY_{it} + u_i + \varepsilon_{it} \qquad (4-6)$$

在式（4-5）、式（4-6）中，u_i 表示个体异质性的截距

项，ε_{it} 表示扰动项。

混合回归模型和固定效应模型，F 检验结果 P = 0.000，认为固定效应模型优于混合回归模型，进一步用最小二乘虚拟变量法，全部个体虚拟变量在 5% 的水平上显著，表明存在个体效应，不应用混合回归模型。

在此基础上，考虑时间效应，年度虚拟变量中所有年份在 5% 的水平上不显著，表明不存在时间效应。

进一步地，检验是否存在个体随机效应，因为稳健的豪斯曼检验结果 P = 0，所以，拒绝"存在个体随机效应"的原假设。综上所述，认为应该用固定效应模型。模型选取过程中的参数估计结果，见表 4 - 2。

表 4 - 2　　无资源和环境因素情形下面板模型回归结果

影响因素	混合效应模型	固定效应模型	随机效应模型
PGDP	0.256 ***	0.0320 *	0.0870 ***
	(0.000)	(0.082)	(0.000)
KL	- 0.0154 ***	- 0.00623 ***	- 0.00804 ***
	(0.000)	(0.000)	(0.000)
INDY	- 0.181	- 0.0688	- 0.0964
	(0.159)	(0.466)	(0.310)
RDY	0.0358 **	0.318 ***	0.119 ***
	(0.029)	(0.000)	(0.000)
FDIY	0.0276 ***	- 0.00384	0.00952 **
	(0.000)	(0.385)	(0.022)
常数项	- 1.668 ***	0.415 **	- 0.0803
	(0.001)	(0.016)	(0.655)
F 检验	P = 0.000		
Hausman 检验	P = 0.000		

注：括号内为 P 值，* 、** 、*** 分别表示在 10% 、5% 、1% 的水平下显著。

第二，根据检验结果选择合适的模型分析加入资源和环境约束后，对应的全局技术效率 GE2 指数的影响因素。此时的技术效率值采用第二章中测算的全局技术效率值，回归分析结果如表 4-3。

表 4-3　　有资源和环境因素情形下面板模型回归结果

影响因素	混合效应模型	固定效应模型	随机效应模型
PGDP	0. 201 ***	- 0. 0616 ***	0. 00416
	(0. 001)	(0. 001)	(0. 831)
KL	- 0. 0130 ***	- 0. 00344 ***	- 0. 00537 ***
	(0. 000)	(0. 001)	(0. 000)
INDY	- 0. 111	0. 000952	0. 0530
	(0. 623)	(0. 991)	(0. 560)
COALE	- 0. 0432	- 0. 289 ***	- 0. 303 ***
	(0. 746)	(0. 001)	(0. 000)
CY	- 0. 0513 ***	- 0. 00229	- 0. 0195 ***
	(0. 000)	(0. 738)	(0. 009)
RDY	0. 0425 **	0. 245 ***	0. 0894 ***
	(0. 028)	(0. 000)	(0. 000)
FDIY	0. 0234 ***	- 0. 00943 **	0. 00433
	(0. 002)	(0. 020)	(0. 273)
常数项	1. 522 ***	- 38. 97 ***	0. 906 ***
	(0. 000)	(0. 004)	(0. 000)
F 检验	P = 0. 000		
Hausman 检验	P = 0. 000		

注：括号内为 P 值，* 、 ** 、 *** 分别表示在 10% 、5% 、1% 的水平下显著。

　　由表 4 - 3 可以看出，当不考虑资源环境约束时，经济发展水平 PGDP、禀赋结构 KL 和科技因素 RDY 对全局技术效率的影响均在统计意义上显著，而产业结构 INDY 和外资因素 FDIY 不显著。当考虑资源环境约束时，产业结构 INDY 和外资因素 FDIY 对全局技术效率有显著影响，并且，经济发展水平 PGDP 对全局技术效率的影响方向发生了变化。这再次说明，分析全要素生产率时资源环境因素不容忽视，否则，分析结果是有偏的，从而政策建议是不可靠的。

　　对于混合回归模型和固定效应模型的选择，因为 F 检验结果 P = 0.000，所以，认为固定效应模型优于混合回归模型，进一步用最小二乘虚拟变量法，不少个体虚拟变量在 5% 的水平上显著，表明存在个体效应，不应用混合回归模型。在此基础上，加入年度虚拟变量以便考虑时间效应，结果显示，年度虚拟变量中大部分年份在 5% 的水平下显著，表明还存在时间效应。

　　进一步，检验是否存在个体随机效应，因为稳健的豪斯曼检验结果 P = 0，所以，拒绝"存在个体随机效应"的原假设，认为应该用固定效应模型。综上所述，最终选用个体时间双固定效应模型，回归结果见表 4 - 4。

表 4 - 4　　GE2 影响因素的个体时间双固定效应模型回归结果

解释变量	系数	解释变量	系数
PGDP	- 0.242 ***	CY	- 0.00557
	(0.000)		(0.417)
KL	- 0.00426 ***	RDY	0.175 ***
	(0.000)		(0.001)

续表

解释变量	系数	解释变量	系数
INDY	0.204 * (0.060)	FDIY	- 0.00816 ** (0.042)
COALE	- 0.239 *** (0.005)	Year	0.0210 *** (0.003)
F 检验	P = 0		
Hausman 检验	P = 0.0039		

注: 括号内为 P 值, * 、** 、*** 分别表示在 10%、5%、1% 的水平下显著。

在全样本期内, 全国及东、中、西部省区市平均技术效率水平的动态趋势基本一致, 2004～2017 年都经历了一个下降、上升和再下降的过程。其中, 从 2010 年开始, 各地区平均技术效率则呈现稳定下降趋势。

此外, 根据东中西部全要素生产率的变动即 GML 指数曲线可以看出, 三大区域的全要素生产率变化呈现出共同的阶段性特征: 2004～2007 年, 全要素生产率值稳定上升, 2007～2011 年全要素生产率大致呈下降趋势, 2009 年略有上升之后, 2010 年跌至最低点, 2011 年以后稳定回升, 在 (0.98, 1) 区间内小幅波动。这种趋势变化与对应年份污染排放量的变化、环保政策的实施、全球的经济环境是息息相关的。

因此, 以 2010 年为分界点, 分析 2010 年之前和 2010 年之后的两个子样本期内的环境因素 CY 对相应的全局技术效率 GE2 指数的影响, 对式 (4 - 6) 进行稳健性检验, 回归结果见表 4 - 5。

可以看到 2010 年后的回归结果, 除了环境因素 CY 显著性发生变化，其他变量的符号和显著性与全样本期的结果完全相同，说明双固定效应模型是稳健的。

表 4 – 5　　2010 年前后两个子样本期间 CY 对 GE2 影响的回归结果

解释变量	2010 年之前	2010 年之后
PGDP	0. 136 ***	– 0. 174 ***
	(0. 000)	(0. 000)
KL	– 0. 0183 ***	– 0. 0024 **
	(0. 000)	(0. 046)
INDY	– 0. 294 *	0. 185 *
	(0. 084)	(0. 062)
COALE	– 0. 188	– 0. 573 ***
	(0. 189)	(0. 000)
CY	– 0. 0106	– 0. 0091 *
	(0. 322)	(0. 097)
RDY	– 0. 0077	0. 129 **
	(0. 919)	(0. 015)
FDIY	– 0. 0085	– 0. 0071 *
	(0. 119)	(0. 067)
常数项	– 0. 140	2. 683 ***
	(0. 687)	(0. 000)

注：括号内为 P 值，*、**、***分别表示在10%、5%、1%水平下显著。

最后，将有资源环境因素的模型估计结果和无资源环境因素的模型估计结果列入表4 – 6中进行对比分析。

根据表4 – 6可以看出，经济发展水平 PGDP、禀赋结构 KL、产业结构 INDY、科技因素 RDY、资源因素 COALE、外资因素 FDIY 对 TFP 的影响均在统计意义上显著，而环境因素 CY 不显著。

表 4 - 6　　　　　有资源环境约束下和无资源环境约束下
影响因素的回归结果对比

影响因素	无资源环境约束	有资源环境约束
PGDP	显著为正	显著为负
KL	显著为负	显著为负
INDY	不显著	显著为正
COALE	-	显著为负
CY	-	不显著
RDY	显著为正	显著为正
FDIY	不显著	显著为负

注：符号"-"表示无此项。

其中，在有无资源环境因素两种情形下，禀赋结构 KL 对全要素生产率的影响都是负向，而科技因素 RDY 对全要素生产率的影响都是正向。

综合以上实证结果，分析各个因素对中国各省区市的全局技术效率的具体效应如下。

人均 GDP 对全局技术效率产生显著的负向作用。考虑资源环境约束后，全局技术效率受到制约。事实上，改革开放以来，中国已经形成了过度依赖要素投入的经济发展模式，在追求经济增长率时，通常伴随着生产要素的粗放使用，资源的高消耗以及污染的迅速增加，导致技术效率没有实质性的提高。当发展到一定阶段时，全局技术效率会随着能源效率的提高、环境规制增强、企业环保技术得到改善，从而提高生产效率，这一点从东部发达地区和西部地区的 GE 指数、EC 指数对比可以得到验证。

资本 – 劳动比对全局技术效率的影响均显著为负。资本劳动比是衡量资本密集程度的具体指标，提高资本劳动比意味着物质资本投入高于劳动力投入，从而企业的资本构成进一步提高。在生产中表现为，随着劳动力成本提高，企业购买更多机器设备来替代劳动。但是，在工人素质保持不变的情况下，人与机器之间协调性降低等因素，生产过程的效率将降低，从而降低了技术效率。此外，如果资本劳动比继续上升，资本过度深化，经济结构将继续向高污染、高能耗的资本密集型产业发展，从而对整体技术效率产生负面影响。

工业增加值占 GDP 百分比对全局技术效率的影响显著为正。在推进工业化进程之初，经济依靠工业增加值的提高得以快速发展，高能耗、高污染的特点不可避免地加剧了能源供求与环境污染的双重矛盾，进一步制约了全要素生产率的增长。但是，随着工业化、城市化的快速发展，能源总消耗量将继续增长，污染物排放量将继续增加，经济增长的环境制约因素将日益加强，政府将继续努力加快落实科学发展观的重要内容，建设资源节约型、环境友好型社会，将从根本上加快经济发展方式向"高效率，低能耗，低排放"转变，使全局技术效率成为驱动工业发展的主要动力。

煤炭占能源消费总量的百分比，对全局技术效率的影响呈显著的负向作用。能源是经济发展过程中的重要投入要素，煤炭作为主要的一次能源，其开发利用过程会对环境产生严重的负面影响。通过市场力量实现企业自主优化能源结构、提高能源利用效率，减少煤炭在能源消费总量中的占比，提升清洁生产技术，能有效地提高资源环境下的全局技术效率。统计检验显著，说明优化能源消费结构对经济增长的重要性。

尽管环境污染治理投资占 GDP 比重对全局技术效率的影响呈负向作用，但不显著。环境污染治理会占用生产资源、提高管理成本，导致一定程度上的经济损失，完全靠增加环境污染治理投资势必不利于全要素生产率增长，只有节能减排的生产率效应大于其引起的经济损失效应时，才能激发经济主体加强环境友好技术的创新，推动技术进步实现生产率驱动的发展模式。

研究及开发机构 R&D 经费内部支出占 GDP 的比重对全局技术效率影响显著为正。研发投入增加，可以提升科技水平、促进生产领域的技术进步，使给定要素投入时获得更大的产出，最直接的效应就是技术效率的提升。进一步地，当一个地区的研发能力和技术创新能力提升后，会对其他地区起到正向溢出效应，从而促进整体技术效率的持续增长。

实际利用外商直接投资额占 GDP 的百分比，对全局技术效率有显著的负向作用。外商直接投资对生产率的影响表现在技术溢出和环境污染两个方面，在按照比较优势进行国际分工的国际贸易市场中，技术进步的国家对产品更高的标准与要求会迫使出口企业提高生产技术，从而提高企业效率，但同时技术水平较低外资企业的引进会导致出口以劳动密集型产品、低技术密集型产品为主，不仅会消耗东道国的大量资源，还会污染环境。因此，当外商直接投资的技术溢出效应不能抵消外资企业的资源效应和污染效应时，反而会拉低全局技术效率。虽然统计意义显著，但中国引入外资时应该甄选能真正促进技术进步、提升生产率的外资企业。

按照理论预期，中国要实现可持续发展的必然出路，是把经济增长模式转到依靠提高全要素生产率，特别是与技术进步有关的生产率基础上。改善劳动、资本包括物质资本和人力资本等资源的配置效率是提高全要素生产率的途径之一，而制度因素、研发和引进技术带来的技术进步则能提升企业的微观生产效率，这两种效率成为全要素生产率的主要构成部分。能源投入因素、环境因素则是影响全要素生产率提升的重要因素。

第二节　资源环境约束下中国省际全要素生产率增长的影响因素分析

现在，资源、环境的承载力已成为中国经济发展的刚性约束，一方面，节能减排会增加成本；另一方面，适宜的政策引导、管制也可能倒逼企业引致技术创新。此外，根据本章第一节中经济发展水平、技术进步、制度因素以及资源环境因素对全要素生产率的影响机制，结合前文全要素生产率的测算结果，本节在生产率分析中将资源因素、环境因素加入进来，从动态视角分析资源环境约束下中国省际全要素生产率增长的影响因素。

一、样本选择与数据处理

在上述经济增长理论所涉及的相关因素影响机制基础上，参考已有研究成果，同时，考虑数据可得性及可比性，本节将针对能直接度量中国的 30 个省区市全要素生长率增长的 GML 指数进行分析。从局部和整体来看，当分析全要素生长率增长时有必要对逐年增长情况和全样本期分别进行考虑，即对全局参考前沿下得出相邻两期的 GML 指数（记为 GML）和累计 GML 指数（记为 CGML）分别进行比较。

GML 指数是在各期共同的参考集下计算的相邻两期的线性规划最优解的比值，是一个相对变化量，因此，影响因素涉及的变量均采用相对变化量。具体指标有如下五个。

（1）经济发展水平。以人均地区生产总值（PGDP）表示，折成 2004 年不变价。

（2）结构因素。禀赋结构以资本—劳动比（KL）表示；产业结构以工业增加值占 GDP 百分比（INDY）表示。

（3）资源环境因素。资源因素以中国各省区市煤炭消费量占能源消费总量的百分比（COALE）表示；环境因素以环境污染治理投资占 GDP 比重（CY）表示。

（4）科技因素。以研发机构 R&D 经费内部支出占 GDP 百分比（RDY）表示。

（5）外资因素以实际利用外商直接投资额占 GDP 的百分比（FDIY）表示。

如无特殊说明，本章所有的图表、数据均来自上述指标的数据库。

二、计量模型构建

将相邻两期的 GML 指数记为 GML，累计 GML 指数记为 CGML，分别从局部和整体两个角度考查全要素生产率增长率的影响因素。构建的回归方程为：

$$CGML_{it} = \alpha + \beta_1 PGDP_{it} + \beta_2 KL_{it} + \beta_3 INDY_{it} + \beta_4 COALE_{it}$$
$$+ \beta_5 CY_{it} + \beta_6 RDY_{it} + \beta_7 FDIY_{it} + u_i + \varepsilon_{it} \quad (4-7)$$
$$GML_{it} = \alpha + \beta_1 PGDP_{it} + \beta_2 KL_{it} + \beta_3 INDY_{it} + \beta_4 COALE_{it}$$
$$+ \beta_5 CY_{it} + \beta_6 RDY_{it} + \beta_7 FDIY_{it} + u_i + \varepsilon_{it} \quad (4-8)$$

在式（4-7）、式（4-8）中，u_i 表示个体异质性的截距项即个体效应，ε_{it} 表示随个体与时间而改变的扰动项。

三、参数估计和结果分析

前文利用全局 DEA 技术测算出的 GML 指数只能表示全要素生产率逐年增长情况，为详细考察各影响因素在全样本期内对全要素生产率的影响，分别对累计 GML 指数和相邻两期的 GML 指数进行回归，对比分析其动态影响效应。

（一）用累计 GML 指数（CGML）表示全要素生产率增长的情形

本节将以 2004～2005 年的 GML 指数为基数计算所得的累

计 GML 指数（CGML）进行实证分析。各变量的描述统计，见表 4 - 7。

表 4 - 7　　　　　CGML 影响因素指标的描述统计

指标	平均值	标准差	最小值	最大值	观测数
CGML	0.9501	0.1780	0.5726	1.7114	390
PGDP	10.1361	0.6058	8.4729	11.6139	390
KL	14.7538	9.6618	2.0531	56.8387	390
INDY	0.3942	0.0823	0.1184	0.5304	390
COALE	0.5976	0.1685	0.0497	0.9218	390
CY	1.3543	0.6715	0.3000	4.2400	390
RDY	0.2808	0.5063	0.0264	3.0536	390
FDIY	2.3485	1.7785	0.0386	8.1914	390

第一，根据检验结果选择合适的模型，分析 CGML 的影响因素，选择过程见表 4 - 8。对于混合回归模型和固定效应模型，因为 F 检验结果 P = 0.000，所以，认为固定效应模型优于混合回归模型，进一步用最小二乘虚拟变量法，不少个体虚拟变量在 5% 的水平上显著，表明存在个体效应，不应用混合回归。进一步地，稳健的豪斯曼检验结果 P = 0，拒绝"存在个体随机效应"的原假设，应该用固定效应模型。

表 4 - 8　　　　　CGML 情形下面板模型的回归结果

影响因素	混合效应模型	固定效应模型	随机效应模型
PGDP	0.0963	− 0.0619 ***	− 0.0459 *
	(0.200)	(0.009)	(0.053)
KL	− 0.0082 *	− 0.0055 ***	− 0.0056 ***
	(0.050)	(0.000)	(0.000)

续表

影响因素	混合效应模型	固定效应模型	随机效应模型
INDY	0. 0614	0. 0735	0. 110
	(0. 856)	(0. 514)	(0. 325)
COALE	− 0. 214	− 0. 457 ***	− 0. 452 ***
	(0. 228)	(0. 000)	(0. 000)
CY	0. 0270	− 0. 0073	− 0. 0079
	(0. 299)	(0. 416)	(0. 379)
RDY	0. 156 ***	0. 378 ***	0. 253 ***
	(0. 003)	(0. 000)	(0. 000)
FDIY	0. 0088	− 0. 0128 **	− 0. 0093 *
	(0. 451)	(0. 016)	(0. 066)
常数项	0. 0988	1. 836 ***	1. 686 ***
	(0. 885)	(0. 000)	(0. 000)
F 检验	P = 0. 000		
Hausman 检验	P = 0. 000		

注：括号内为 P 值，*、**、*** 分别表示在10%、5%、1%的水平下显著。

　　加入年度虚拟变量后，大部分年份在 5% 的水平下显著，表明时间效应是存在的。综上所述，最终选用个体、时间双固定效应模型，回归结果见表4 - 9。

表4 - 9　　CGML 影响因素的双固定效应模型回归结果

解释变量	系数	解释变量	系数
PGDP	− 0. 366 ***	CY	− 0. 0129
	(0. 000)		(0. 150)
KL	− 0. 00687 ***	RDY	0. 260 **
	(0. 000)		(0. 000)
INDY	0. 416 ***	FDIY	− 0. 0106
	(0. 003)		(0. 042)

解释变量	系数	解释变量	系数
COALE	-0.373 ***	Year	0.0355 *
	(0.001)		(0.000)
F 检验	P = 0.00		
Hausman 检验	P = 0.0039		

注：括号内为 P 值，* 、** 、*** 分别表示在 10%、5%、1% 的水平下显著。

第二，对模型结果进行分析。从表 4 - 9 可以看出，经济发展水平、禀赋结构、产业结构、资源因素、科技因素、外资因素对全要素生产率的影响均在统计意义上显著，而环境因素不显著。

（二）用相邻两期的 GML 指数表示全要素生产率增长的情形

用相邻两期的 GML 指数作为被解释变量，再考察这些因素对逐年全要素生产率增长的影响。此时，对各因素指标进行描述统计，见表 4 - 10。

表 4 - 10　　　　GML 指数影响因素指标的描述统计

指标	平均值	标准差	最小值	最大值	观测数
逐年 GML	0.9913	0.0337	0.8882	1.0851	390
PGDP	10.1361	0.6058	8.4729	11.6139	390
KL	14.7538	9.6618	2.0531	56.8387	390
INDY	0.3942	0.0823	0.1184	0.5304	390
coalE	0.5976	0.1685	0.0497	0.9218	390
CY	1.3543	0.6715	0.3000	4.2400	390
RDY	0.2808	0.5063	0.0264	3.0536	390
FDIY	2.3485	1.7785	0.0386	8.1914	390

　　与上述模型选择过程类似，对于混合回归模型和固定效应模型，F 检验结果 P = 0.0001，认为固定效应模型优于混合回归模型，进一步用最小二乘虚拟变量法，大多数个体虚拟变量在 5% 的水平上显著，表明存在个体效应，不应用混合回归模型。然而，个体效应仍可能以随机效应的形式存在，故还要进行随机效应模型回归。不过，稳健的豪斯曼检验结果 P = 0.0001，拒绝"存在个体随机效应"的原假设，应该用固定效应模型。

　　与分析 CGML 不同的是，考虑时间效应加入年份虚拟变量后大部分年份都不显著，为节省参数，引入一个时间趋势项 year，回归结果见表 4 - 11，年份变量 year 的回归系数在 10% 的显著性水平下并不显著，与加入时间虚拟变量的结果一致，因此，用单向的个体固定效应模型。

表 4 - 11　　　　　GML 指数情形下面板模型的回归结果

影响因素	混合效应模型	固定效应模型	随机效应模型	双固定效应模型
PGDP	0.00358	- 0.0303 ***	- 0.0158 **	- 0.0606 *
	(0.784)	(0.001)	(0.038)	(0.058)
KL	0.000317	0.00250 ***	0.00156 ***	0.00236 ***
	(0.711)	(0.000)	(0.001)	(0.000)
INDY	0.0387	0.117 ***	0.0839 **	0.151 ***
	(0.452)	(0.008)	(0.016)	(0.007)
COALE	- 0.00675	- 0.0825 *	- 0.0204	- 0.0741 *
	(0.817)	(0.054)	(0.342)	(0.089)
CY	- 0.00716 **	- 0.0134 ***	- 0.0117 ***	- 0.0140 ***
	(0.040)	(0.000)	(0.000)	(0.000)
RDY	0.0173 ***	- 0.0446 *	0.0154 **	- 0.0563 **
	(0.010)	(0.051)	(0.013)	(0.029)

续表

影响因素	混合效应模型	固定效应模型	随机效应模型	双固定效应模型
FDIY	0.00297	0.00570 ***	0.00394 ***	0.00591 ***
	(0.145)	(0.006)	(0.005)	(0.004)
Year				0.00354
				(0.321)
常数项	0.936 ***	1.281 ***	1.109 ***	-5.537
	(0.000)	(0.000)	(0.000)	(0.420)
F 检验	P = 0.0001			
Hausman 检验	P = 0.0001			

注：括号内为 P 值，*、**、*** 分别表示在 10%、5%、1% 的水平下显著。

固定效应模型回归结果中大部分参数估计值的符号在经济意义上合理，并且，所有变量具有统计显著性，下面，将累积 GML 情形下和相邻 GML 情形下影响因素的回归结果进行对比分析。

根据表 4 - 12 可以看出，经济发展水平、产业结构、资源因素无论是对累积 GML 指数还是相邻 GML 指数的影响在统计意义上都是显著的且方向一致，环境因素对相邻 GML 指数影响显著，对累积 GML 指数影响不显著，禀赋结构、科技因素和外资因素对累积 GML 指数和相邻 GML 指数的影响，在统计意义上都是显著的但方向不一致。各解释变量的作用方向具有一定经济学意义，具体的差异解读如下。

表 4 - 12　累积 GML 情形下和相邻 GML 情形下影响因素的回归结果对比

影响因素	CGML 双向固定效应模型	GML 固定效应模型
PGDP	显著为负	显著为负

续表

影响因素	CGML 双向固定效应模型	GML 固定效应模型
KL	显著为负	显著为正
INDY	显著为正	显著为正
COALE	显著为负	显著为负
CY	不显著	显著为负
RDY	显著为正	显著为负
FDIY	显著为负	显著为正
YEAR	显著为负	—

注:"－"表示无此项。

　　人均 GDP、煤炭占能源消费总量的百分比,无论是对累积 GML 指数还是相邻 GML 指数都产生显著的负向作用,即全要素生产率的增长受到了制约。事实上,在工业化转型升级中,随着生产规模扩大,要素投入必然增加,生产要素粗放使用的惯性短期内仍然存在,资源高度消耗、污染快速增加,技术效率也没有实质性提升,导致全要素生产率随人均 GDP 的增加而降低,当升级发展到一定阶段时,全要素生产率会随着能源效率的提高、控制污染排放的加强而提高。这一点从东部发达地区和西部地区的 GM 指数、GML 指数对比,可以得到验证。这说明,改变生产要素粗放使用的生产模式,优化能源结构、提高能源利用效率,减少煤炭在能源消费总量中的占比,能切实有效地提高资源环境下的全要素生产率。

　　资本－劳动比对相邻全要素生产率增长的影响,显著为正。提高资本劳动比意味着物质资本投入高于劳动力投入,从而提高企业的资本构成,随着投入结构的改变,资本劳动比的提高意味着经济结构由劳动密集型转向资本密集型，经济增长重心转向工业和服务业，而经济结构的转变，会在一定程度上拉升工业化进程中的经济效率，通常有利于提高全要素生产率。但是，在现实生产中劳动者素质不变的情况下，人与机器需要磨合时间，生产过程的效率反而会下降，从而降低技术效率。此外，从长期全要素生产率增长来看，如果资本劳动比持续上升、资本过度深化会使得经济结构不断偏向高能耗、高污染的资本密集型产业发展，从而累积全要素生长率增长受到负向影响。

工业增加值占 GDP 百分比对全要素生产率增长的影响显著为正。随着工业化、城镇化快速推进，能源消费总量不断上升，污染物产生量将继续增加，经济增长的环境约束日趋强化，党中央、国务院引导向"资源节约型、环境友好型"社会加快建设，从根本上向"高效率、低能耗、低排放"经济发展方式转变，取得了积极的促进作用。工业增加值占 GDP 百分比对全要素生产率增长影响显著为正。

环境污染治理投资占 GDP 比重对相邻 GML 呈显著负向影响，环境污染治理会占用生产资源、提高管理成本等，这将导致一定程度上的经济损失。短期内完全靠增加环境污染治理投资势必不利于全要素生产率的增长，只有当节能减排的生产率效应大于其引起的经济损失效应时，才能激发经济主体加强环境友好技术的创新，推动技术进步实现生产率驱动的发展模式。对累积全要素生产率增长即 CGML 的影响不显著，说明从整个样本期长期来看，环境污染治理投资占 GDP 比重对全要素生产率增长的影响不明确。

R&D 经费占 GDP 的比重对相邻 GML 指数呈显著负向影响，而对累积 GML 指数影响显著为正相关。一般来说，研发投入增加，可以使国家的科技水平得到提升，一方面，与能源环境相关的技术创新可以直接促进生产领域的技术进步，使给定要素投入时获得更大指数产出。但是，由熊彼特（Schumpeter）质量阶梯模型可知，研发技术存在随机性问题，即研发成功的概率取决于研发总支出和当前技术水平的影响。而且，从研发机构的研究到实际投放生产还存在滞后效应，因此，在加大研发机构经费支出的同时，还要确保研发成功产品的定价、利润和生产，才能使研发效应发挥正的外部性作用。另一方面，一个地区的研发能力和技术创新能力提升后，会对其他地区起到正向溢出效应，从而促进整体全要素生产率的持续增长，因此，推动技术进步、促进效率改善才是全要素生产率持续增长的长久之计。

实际利用外商直接投资额占 GDP 的百分比对累积 GML 指数是有负向显著影响的，而对相邻 GML 指数是有显著正向影响的。外商直接投资对生产率的影响，可以从技术溢出和环境污染两方面来看，在按照比较优势进行国际分工的体系中，技术进步占优势的国家对产品的标准与要求更高，出口企业只能提高生产技术，从而提高企业效率，因此，对短期全要素生产率变化有着积极的促进作用，但引进技术贫乏的外资企业会导致出口以劳动密集型、附加值低的产品为主，不仅会大量消耗东道国的资源，还会带来环境污染，对累积全要素生产率变化呈现显著的负向影响。因此，中国在引入外资时，应区别对待，尽量甄选能真正促进技术进步、提升生产率的外资企业。

综上所述，经济增长模式向提高全要素生产率，特别是向提高技术进步有关的生产率转变，是中国实现可持续发展的必然出路。改善劳动、资本包括物质资本和人力资本等资源的配置效率是提高全要素生产率的途径之一，而制度因素、研发和引进技术带来的技术进步则能提升企业的微观生产效率，这两种效率成为全要素生产率的主要构成部分。能源投入、环境因素则是影响全要素生产率提升的重要因素。

第三节　资源环境约束下各因素对全要素生产率增长的影响差异

第二节以相邻两期的 GML 指数和累计 GML 指数为被解释变量，分别从局部和整体两个角度考查了全要素生产率增长率的影响因素，本节分析影响长期全要素生产率增长的因素差异。结合第二章对资源环境约束下中国省际全要素生产率增长的测算结果，分别从静态的技术效率和动态的全要素生产率增长两个方面来分析各影响因素对全要素生产率增长的差异。

一、方法和模型

本节仍然用面板模型进行分析，为了详细分析不同地区和不同时段的影响因素，考虑引进虚拟变量的方法，重点考查在分析逐年 GML 指数和累计 GML 指数的影响因素时，对全要素生产率增长的影响出现不一致的解释变量。主要有环境因素、科技因素、禀赋结构和外资因素，深入探讨各因素对全要素生产率增长的长短期影响效应。

首先，使用虚拟变量法进行结构变动的检验。根据引进虚拟变量的方式，在有常数项的模型中，如果定性指标共分为 M 类，那么，最多只能在回归方程中放入 M-1 个虚拟变量。本节针对 2010 年前后两段时期，引进一个时间虚拟变量 D_t，即以 2010 年为时间分界点，定义：

$$D_t = \begin{cases} 1, & t \geqslant 2010 \\ 0, & \text{其他} \end{cases} \qquad (4-9)$$

考虑回归方程：

$$y_{it} = \alpha + \beta_i X_{it} + \gamma D_t + u_i + \varepsilon_{it} \qquad (4-10)$$

在式（4-10）中，X_{it} 表示所有解释变量构成的向量。如果同时引进 D_t 以及虚拟变量与核心解释变量 x_{it} 的交互项 $D_t x_{it}$，回归方程为：

$$y_{it} = \alpha + \beta_i X_{it} + \gamma D_t + \delta D_t x_{it} + u_i + \varepsilon_{it} \qquad (4-11)$$

该模型等价于：

$$y_{it} = \begin{cases} \alpha + \beta_i X_{it} + u_i + \varepsilon_{it}, & \text{如果 } t < 2010 \\ (\alpha + \gamma) + \beta_i X'_{it} + (\beta_i + \delta) x_{it} + u_i + \varepsilon_{it}, & \text{如果 } t \geqslant 2010 \end{cases}$$

$$(4-12)$$

在式（4-12）中，X'_{it} 为除 x_{it} 外其他所有解释变量构成的向量。u_i 为代表个体异质性的截距项，ε_{it} 表示扰动项。

因此，同时引进虚拟变量及其与解释变量的交互项，相当于在不同时期使用不同的截距项和斜率，由此来检验解释变量是否在 2010 年发生结构变动，回归分析的步骤按照面板模型的选择过程进行。

其次，使用虚拟变量法对中国的 30 个省区市分成三大区域后全要素生产率增长的差异进行分析。考虑引进地区虚拟变量：

$$D_1 = \begin{cases} 1 & 东部地区 \\ 0 & 中部地区 \\ 0 & 西部地区 \end{cases} \qquad D_2 = \begin{cases} 0 & 东部地区 \\ 1 & 中部地区 \\ 0 & 西部地区 \end{cases}$$

并加入地区虚拟变量与核心解释变量 x_{it} 的交叉乘积项后，分别构建回归方程为：

$$y_{it} = \alpha + \beta_i X_{it} + \sum_{i=1}^{2} \gamma_i D_i + \sum_{i=1}^{2} \delta_i D_i x_{it} + u_i + \varepsilon_{it}$$

$$(4-13)$$

该模型等价于：

$$y_{it} = \begin{cases} \alpha + \beta_i X_{it} + u_i + \varepsilon_{it}, 如果\ i \in 西部 \\ (\alpha + \gamma_1) + \beta_i X'_{it} + (\beta_i + \delta_1) x_{it} + u_i + \varepsilon_{it}, 如果\ i \in 东部 \\ (\alpha + \gamma_2) + \beta_i X'_{it} + (\beta_i + \delta_2) x_{it} + u_i + \varepsilon_{it}, 如果\ i \in 中部 \end{cases}$$

$$(4-14)$$

在式（4-14）中，X'_{it} 表示除 x_{it} 外其他所有解释变量构成的向量。u_i 为代表个体异质性的截距项，ε_{it} 表示扰动项。通过该模型可以清楚地看出，核心解释变量 x_{it} 对 y_{it} 影响的变动情况。

二、样本选择与数据处理

参考既有研究成果以及上述经济增长理论所涉及的相关因素，同时考虑数据可得性及可比性，结合前文全要素生产率测算结果，分析静态全要素生产率的全局技术效率值和动态全要素生产率增长的累积 GML 指数中涉及影响因素的影响，再根据第二节的实证结果可以看出，经济发展水平、产业结构、资源因素无论是对累积 GML 指数还是相邻 GML 指数的影响在统计意义上都是显著的且符号一致，环境因素对相邻 GML 指数影响显著，对累积 GML 指数影响不显著。科技因素、资本劳动比、外资因素对累积 GML 指数和相邻 GML 指数的影响在统计意义上都是显著的，但方向不一致。因此，本节着重考查了环境因素、科技因素、资本劳动比、外资因素在不同样本期对技术效率的影响差异，以及显著影响东中西部全要素生产率增长的因素带来的影响差异。考虑横截面的异质性，本节选取的控制变量有如下五个。

（1）经济发展水平。以人均国内生产总值（PGDP）表示，折算成 2004 年不变价，以消除价格影响。

（2）结构因素。禀赋结构以资本－劳动比（KL）表示；产业结构以工业增加值占 GDP 百分比（INDY）表示。

（3）资源环境因素。资源因素以中国各省区市煤炭消费量占能源消费总量的百分比（COALE）表示；环境因素以环境污染治理投资占 GDP 比重（CY）表示。

（4）科技因素。以研究及开发机构 R&D 经费内部支出占 GDP 百分比（RDY）表示。

（5）外资因素以实际利用外商直接投资额占 GDP 的百分比（FDIY）表示。

三、计量模型构建和结果分析

（一）各影响因素对全局技术效率 GE 指数的影响差异

在全样本期内进行结构变动的检验，通过虚拟变量法检验环境因素、科技因素、禀赋结构和外资因素对全要素生产率的影响是否存在结构性变动。即加入时间虚拟变量 D_t 以及其与核心解释变量的交互项 $D_t x_{it}$，考虑到面板数据的特点，通常可以假设不同个体之间的扰动项相互独立，但同一个体在不同时期的扰动项之间往往存在自相关，因此，使用聚类稳健的标准误进行固定效应回归，构建具体的模型为：

$$GE_{it} = \alpha + \beta_1 PGDP_{it} + \beta_2 KL_{it} + \beta_3 INDY_{it} + \beta_4 COALE_{it}$$
$$+ \beta_5 CY_{it} + \beta_6 RDY_{it} + \beta_7 FDIY_{it} + \gamma D_t + \delta D_t CY_{it} + u_i + \varepsilon_{it}$$

$$(4-15)$$

$$GE_{it} = \alpha + \beta_1 PGDP_{it} + \beta_2 KL_{it} + \beta_3 INDY_{it} + \beta_4 COALE_{it}$$
$$+ \beta_5 CY_{it} + \beta_6 RDY_{it} + \beta_7 FDIY_{it} + \gamma D_t + \delta D_t RDY_{it} + u_i + \varepsilon_{it}$$

$$(4-16)$$

$$GE_{it} = \alpha + \beta_1 PGDP_{it} + \beta_2 KL_{it} + \beta_3 INDY_{it} + \beta_4 COALE_{it}$$

$$+ \beta_5 CY_{it} + \beta_6 RDY_{it} + \beta_7 FDIY_{it} + \gamma D_t + \delta D_t KL_{it} + u_i + \varepsilon_{it}$$

$$(4-17)$$

$$GE_{it} = \alpha + \beta_1 PGDP_{it} + \beta_2 KL_{it} + \beta_3 INDY_{it} + \beta_4 COALE_{it}$$
$$+ \beta_5 CY_{it} + \beta_6 RDY_{it} + \beta_7 FDIY_{it} + \gamma D_t + \delta D_t FDIY_{it} + u_i + \varepsilon_{it}$$

$$(4-18)$$

在式（4 – 15）～式（4 – 18）中，u_i 为代表个体异质性的截距项，ε_{it} 表示扰动项。

根据上述四个面板模型分别进行回归，得到回归结果，见表 4 – 13。

检验 D_t 与 $D_t CY$，$D_t RDY_{it}$，$D_t KL_{it}$，$D_t FDIY_{it}$ 的联合显著性的 F 统计量分别为 1.45、12.3、37.23、10.42，从相应的 P 值来看，科技因素、禀赋结构和外资因素的 P 值全为 0，拒绝无结构变动的原假设，即对全要素生产率的影响存在结构性变动，而环境因素的 P 值为 0.2358，因此，不能拒绝无结构变动的原假设，即不能说明环境污染治理投资占 GDP 比重对全局技术效率的影响存在明显变动。这也可能正是第一节中分析 GE 指数的影响因素时，CY 的系数并不显著的原因，同时，也说明该模型是稳健的。

（二）各因素对东中西部三大区域的全要素生产率增长的影响差异

加入地区虚拟变量与核心变量的交叉乘积项 $D_i x_{it}$ 后，分别构建回归方程为：

表4-13　　　　全样本期间四个因素对 GE 影响有无结构变动的回归结果

影响因素	(1)	(2)	(3)	(4)
PGDP	-0.0432*	-0.0379*	0.0777***	-0.0276
	(0.0234)	(0.0223)	(0.0255)	(0.0228)
KL	-0.00391***	-0.00363***	-0.0177***	-0.00455***
	(0.0011)	(0.0010)	(0.0019)	(0.0011)
INDY	0.0094	-0.0092	0.1020	-0.0097
	(0.0866)	(0.0839)	(0.0791)	(0.0844)
COALE	-0.302***	-0.229***	-0.249***	-0.259***
	(0.0841)	(0.0818)	(0.0758)	(0.0816)
CY	-0.0166	-0.0024	-0.0032	0.0018
	(0.0119)	(0.0067)	(0.0063)	(0.0068)
RDY	0.242***	0.133***	0.0388	0.214***
	(0.0456)	(0.0499)	(0.0478)	(0.0448)
FDIY	-0.0102**	-0.0105***	-0.00780***	-0.0166***
	(0.0041)	(0.0039)	(0.0037)	(0.0042)

影响因素	(1)	(2)	(3)	(4)
D	-0.0314*	-0.0287**	-0.135***	-0.0486***
	(0.0189)	(0.0120)	(0.0181)	(0.0144)
DCY	0.0176			
	(0.0114)			
DRDY		0.0615***		
		(0.0125)		
DKL			0.0104***	
			(0.0012)	
DFDIY				0.0149***
				(0.0033)
F 统计量	1.45	12.3	37.23	10.42
P 值	0.2358	0.0000	0.0000	0.0000

注：括号内为聚类稳健标准误，*、**、*** 分别表示在 10%、5%、1% 的水平下显著。

$$Y_{it} = \alpha + \beta_1 PGDP_{it} + \beta_2 KL_{it} + \beta_3 INDY_{it} + \beta_4 COALE_{it}$$

$$+ \beta_5 CY_{it} + \beta_6 RDY_{it} + \beta_7 FDIY_{it} + \sum_{i=1}^{2} \gamma_i D_i$$

$$+ \sum_{i=1}^{2} \delta_i D_i RDY_{it} + u_i + \varepsilon_{it} \qquad (4-19)$$

$$Y_{it} = \alpha + \beta_1 PGDP_{it} + \beta_2 KL_{it} + \beta_3 INDY_{it} + \beta_4 COALE_{it} + \beta_5 CY_{it}$$

$$+ \beta_6 RDY_{it} + \beta_7 FDIY_{it} + \sum_{i=1}^{2} \gamma_i D_i + \sum_{i=1}^{2} \delta_i D_i KL_{it} + u_i + \varepsilon_{it}$$

$$(4-20)$$

$$Y_{it} = \alpha + \beta_1 PGDP_{it} + \beta_2 KL_{it} + \beta_3 INDY_{it} + \beta_4 COALE_{it} + \beta_5 CY_{it}$$

$$+ \beta_6 RDY_{it} + \beta_7 FDIY_{it} + \sum_{i=1}^{2} \gamma_i D_i + \sum_{i=1}^{2} \delta_i D_i FDIY_{it} + u_i + \varepsilon_{it}$$

$$(4-21)$$

在式（4-19）～式（4-21）中，被解释变量 Y_{it} 表示动态全要素生产率增长的累计 GML 指数，u_i 为代表个体异质性的截距项，ε_{it} 表示扰动项。

1. 科技因素 RDY 对东中西部三大区域的全要素生产率增长的影响差异

根据式（4-19）分析研究与开发机构 R&D 经费内部支出占 GDP 百分比在东中西部三大区域的静态全要素生产率增长和动态全要素生产率增长中是否存在区域差异。回归结果，见表 4-14、表 4-15。

表 4-14　RDY 对东中西部三大区域 GE 指数影响的回归结果

解释变量	系数	解释变量	系数
PGDP	−0.0641 *** (0.000)	FDIY	−0.00840 * (0.036)

续表

解释变量	系数	解释变量	系数
KL	− 0.00355 **	D_1	0
	(0.001)		(.)
INDY	0.000990	D_2	0
	(0.991)		(.)
COALE	− 0.281 ***	D_1RDY	0.304 ***
	(0.001)		(0.001)
CY	− 0.00200	D_2RDY	− 0.0561
	(0.767)		(0.801)
RDY	0.0307	常数项	1.556 ***
	(0.708)		(0.000)

注：括号内为聚类稳健标准误，* 、** 、*** 分别表示在 10% 、5% 、1% 的显著性水平下显著。

表 4 – 15　　RDY 对中国的 30 个省区市分成东中西部三大区域 GML 指数影响的回归结果

解释变量	系数	解释变量	系数
PGDP	− 0.0654 ***	FDIY	− 0.0113 **
	(0.005)		(0.031)
KL	− 0.00565 **	D_1	0
	(0.000)		(.)
INDY	0.0750	D_2	0
	(0.506)		(.)
COALE	− 0.445 ***	D_1RDY	0.455 ***
	(0.000)		(0.000)
CY	− 0.00692	D_2RDY	− 0.0650
	(0.433)		(0.823)
RDY	0.0567	常数项	1.886 ***
	(0.596)		(0.000)

注：括号内为聚类稳健标准误，* 、** 、*** 分别表示在 10% 、5% 、1% 的显著性水平下显著。

由表 4-14 和表 4-15 可知，加入地区虚拟变量 D_i 及其与 RDY 的交叉乘积项后，对静态全要素生产率增长和动态 TFP 增长的回归结果是完全一样的，不仅统计意义上的显著性一致，影响方向也是相同的。并且可以看出，代表东部地区研发水平的虚拟变量 D_1RDY 的系数在 5% 显著性水平下显著。这说明，以西部地区的研发为参照，当东部地区的研究及开发机构 R&D 经费内部支出占 GDP 百分比每提高 1% 时，技术效率将会比西部地区多提升 0.304%，全要素生产率增长将会比西部多提升 0.455%，因此，无论从短期来看还是长期来看，都有显著影响，这与前两节分析全局技术效率 GE 指数和累积 GML 指数的影响因素时的回归结果高度一致。这说明，加大研究及开发机构 R&D 经费内部支出对提高全要素生产率是有促进作用的，并且成效显著，对西部地区提高全要素生产率有重要的借鉴意义。

另外，表示中部地区研发水平的虚拟变量 D_2RDY 的系数是不显著的，说明中部地区和西部地区相比较而言，科技因素对提高全要素生产率影响的差异在统计意义上不明显，这与第二章测算的全局技术效率值和 GML 指数的时间趋势分析结果是匹配的，对应的中西部的 GE 指数和 GML 指数时间趋势图大致是没有太大差异的。

2. 禀赋结构 KL 对东中西部三大区域的全要素生产率增长的影响差异

根据式（4-20）来分析禀赋结构中的资本劳动比在东中西部三大区域的静态全要素生产率和动态全要素生产率增长中

是否存在区域差异。回归结果，见表 4 – 16 和表 4 – 17。

表 4 – 16   资本劳动比 KL 对东中西部三大
区域 GE 指数影响的回归结果

解释变量	系数	解释变量	系数
PGDP	– 0.0310 *	FDIY	– 0.0037
	(0.0179)		(0.0039)
KL	– 0.0058 ***	D_1	0
	(0.0012)		(.)
INDY	0.0122	D_2	0
	(0.0820)		(.)
COALE	– 0.209 **	D_1 KL	0.0045 ***
	(0.0811)		(0.0011)
CY	0.0019	D_2 KL	– 0.0032 **
	(0.0066)		(0.0012)
RDY	0.220 ***	常数项	1.158 ***
	(0.0428)		(0.194)

注：括号内为聚类稳健标准误，* 、** 、*** 分别表示在 10%、5%、1% 的水平下显著。

表 4 – 17   资本劳动比 KL 对东中西部三大区域
GML 指数影响的回归结果

解释变量	系数	解释变量	系数
PGDP	– 0.0244	FDIY	– 0.0065
	(0.0234)		(0.0051)
KL	– 0.0101 ***	D_1	0
	(0.0016)		(.)
INDY	0.109	D_2	0
	(0.107)		(.)

续表

解释变量	系数	解释变量	系数
COALE	− 0.334 *** (0.106)	$D_1 KL$	0.0083 *** (0.0014)
CY	0.0009 (0.0086)	$D_2 KL$	− 0.0006 (0.0016)
RDY	0.343 *** (0.0559)	常数项	1.362 *** (0.253)

注：括号内为聚类稳健标准误，＊、＊＊、＊＊＊分别表示在10%、5%、1%的水平下显著。

由表4－16和表4－17可知，加入地区虚拟变量与核心变量 KL 的交叉乘积项后，对静态全要素生产率增长和动态全要素生产率增长的回归结果表明，人均 GDP 的显著性发生变化，符号并未改变，其余变量系数的符号不变，在统计意义上的显著性也是完全一样的。并且可以看出，表示东部地区禀赋结构的虚拟变量 $D_1 KL$ 的系数在 1% 显著性水平下显著。这说明，以西部地区的资本劳动比为参照，东部地区的资本劳动比每提高 1% 时，技术效率将会比西部地区多提升 0.0045%，全要素生产率增长将会比西部地区多提升 0.0083%。资本劳动比对全要素生产率增长无论从短期来看还是从长期来看，都有显著影响，这说明，东部地区的禀赋结构在提高全要素生产率中有显著的促进作用，西部地区可以借鉴东部地区的经验改善要素配置。另外，表示中部地区禀赋结构的虚拟变量 $D_2 KL$ 的系数为负，每提升 1% 技术效率会显著降低 0.0032%，但是，对 GML 指数不显著，说明中部地区和西部地区相比较而言，禀赋结构对全要素生产率增长的影响差异在统计意义上不明显。

3. 外资因素 FDIY 对中国东中西部三大区域的 TFP 增长的影响差异

根据式（4-21）分析外资因素 FDIY 在东中西部三大区域的静态全要素生产率增长中和动态全要素生产率增长中是否存在区域差异，回归结果见表4-18、表4-19。

表4-18 外资因素 FDIY 对中国东中西部三大区域
GE 指数影响的回归结果

解释变量	系数	解释变量	系数
PGDP	-0.0663 ***	FDIY	0.0059 **
	(0.0184)		(0.0084)
KL	-0.0030 ***	D_1	0
	(0.0011)		（·）
INDY	0.0028	D_2	0
	(0.0876)		（·）
Coale	-0.296 ***	D_1 FDIY	-0.0172 *
	(0.0837)		(0.0095)
CY	-0.0012	D_2 FDIY	-0.0297 **
	(0.0068)		(0.0144)
RDY	0.239 ***	常数项	1.572 ***
	(0.0446)		(0.194)

注：括号内为聚类稳健标准误，*、**、*** 分别表示在10%、5%、1%的水平下显著。

表 4 – 19　　　外资因素 FDIY 对中国东中西部三大区域
GML 指数影响的回归结果

解释变量	系数	解释变量	系数
PGDP	− 0. 0727 ***	FDIY	0. 0166 *
	(0. 0240)		(0. 0111)
KL	− 0. 00455 ***	D_1	0
	(0. 00141)		(·)
INDY	0. 0930	D_2	0
	(0. 114)		(·)
COALE	− 0. 463 ***	D_1FDIY	− 0. 0348 ***
	(0. 109)		(0. 0124)
CY	− 0. 00547	D_2FDIY	− 0. 0468 **
	(0. 00891)		(0. 0188)
RDY	0. 367 ***	常数项	1. 886 ***
	(0. 0582)		(0. 000)

注：括号内为聚类稳健标准误，＊、＊＊、＊＊＊分别表示在 10% 、5% 、1% 的水平下显著。

由表 4 – 18 和表 4 – 19 可知，加入地区虚拟变量与核心变量 FDIY 的交叉乘积项后，对静态全要素生产率增长和动态全要素生产率增长的回归结果表明，所有控制变量系数的符号和统计意义上的显著性是完全一样的。并且可以看出，表示东部地区外资利用率水平的虚拟变量 D_1FDIY 对 GE 指数和 GML 指数的回归系数分别在 10% 和 1% 显著性水平下显著。这说明，以西部地区的实际利用外商直接投资占比为参照，东部地区的实际利用外商直接投资额占 GDP 的百分比每提高 1% 时，技术效率将会比西部地区降低 0. 0172% ，全要素生产率增长将会比西部地区降低 0.0348%，虽然外资因素对全要素生产率增长无论从短期来看还是从长期来看，都有显著促进作用，但是，和西部地区相比，东部地区外商直接投资利用率在全要素生产率增长中的作用在减弱，技术溢出效应已经不能抵消外资企业的资源和污染效应，而西部地区还可以通过加大外商直接投资利用率，多引进生产高技术含量产品、少能耗少污染排放的外资企业，切实发挥带动本土技术效率的作用。另外，代表中部地区研发水平的虚拟变量 D_2FDIY 的系数是显著的，说明中部地区和西部地区相比较而言，加大利用外商直接投资额对提高全要素生产率也产生了抑制作用。

第四节　本章小结

根据第二章对全要素生产率增长源泉的分解，从长期增长来看，技术进步主导全要素生产率增长，但是发现中国各省区市之间技术效率的差异很大，而技术进步的差异相对较小。因此，本章利用 2004～2017 年中国的 30 个省区市的面板数据，在分析了经济增长理论所涉及的要素配置、知识进步、制度因素、资源环境等因素对全要素生产率的影响机制后，对资源环境约束下中国省际全要素生产率增长的影响因素分以下三个方面进行了研究。

（1）资源环境约束对中国各省区市的全局技术效率的影响。

首先，当不考虑资源环境约束时，经济发展水平、禀赋结构和科技因素对全局技术效率的影响均在统计意义上显著，而产业结构和外资因素不显著。考虑资源环境因素后，全局效率值的测算值会更小，产业结构和外资因素对全局技术效率有显著影响，并且，经济发展水平对全局技术效率的影响方向发生了变化，环境因素对全局效率值的影响在统计意义上不显著。这说明，环境因素对省际技术效率的影响尚不明确。同时，说明分析全要素生产率时资源环境因素不容忽视，否则分析结果是有偏的，从而政策建议是不可靠的。

其次，在全样本期内，全国及东中西部三大区域的省区市平均技术效率水平的动态趋势基本一致，但从 2010 年开始，各地区平均技术效率呈现稳定下降趋势。考察 2010 年之前和 2010 年之后的两个子样本期内环境因素 CY 对相应技术效率值的影响，对全样本期内的模型进行了稳健性检验，结果表明，加入资源环境因素分析技术效率的模型是稳健的。

最后，还对不同样本期内环境因素对全要素生产率的影响进行了结构变动检验，实证研究表明，在全样本期内，用来表示环境规制强度的环境污染治理投资占 GDP 的比重对全局技术效率的影响不存在明显的结构变动。即 2010 年之前和 2010 年之后污染排放量的变化、环保政策的实施等环境因素，对技术效率没有产生明显的变化。

（2）资源环境对中国各省区市的全要素生产率增长的影响。

用累计 GML 指数和相邻两期的 GML 指数分别表示全要素

生产率增长，对比分析其动态影响效应的实证结果表明，经济发展水平、产业结构、资源因素无论是对累积 GML 指数还是相邻 GML 指数的影响在统计意义上都显著且方向一致，环境因素对相邻 GML 指数影响显著，对累积 GML 指数影响不显著，禀赋结构、科技因素和外资因素对累积 GML 指数和相邻 GML 指数的影响在统计意义上都是显著的，但方向不一致。

就微观企业而言，要素质量和知识进步可以体现在技术进步中，而劳动、资本等要素的合理配置、生产规模的增加以及外部环境的优化则可以提升企业的生产效率。能源投入、环境因素则是影响全要素生产率提升的重要因素。

（3）资源环境约束下各因素对全要素生产率增长的影响差异。

为了详细分析不同地区、不同时段的影响因素，利用虚拟变量的方法，重点考查了在对逐年 GML 指数和累计 GML 指数的影响因素计量分析时，对全要素生产率增长的影响出现不一致的解释变量，主要有环境因素、科技因素、禀赋结构和外资因素，深入探讨各因素对全要素生产率增长的长短期影响效应，结论如下。

科技因素 RDY 对东中西部三大区域的全要素生产率增长的影响差异：以西部地区为参照，东部地区的研发水平对全要素生产率增长无论从短期来看还是从长期来看，都有显著影响，中部地区和西部地区相比较而言，科技因素对提高全要素生产率影响的差异在统计意义上不明显。

禀赋结构对东中西部三大区域的全要素生产率增长的影响

差异：东部地区的禀赋结构在提高全要素生产率中有显著的促进作用，中国在实施区域协调发展战略中，鼓励东部地区率先发展，在如何达到要素的优化配置方面积累了大量经验，西部地区可以借鉴东部地区的经验改善要素配置。中部地区和西部地区相比较而言，禀赋结构对提高全要素生产率影响的差异在统计意义上不明显。

外资因素对东中西部三大区域全要素生产率增长的影响差异：虽然外资因素对全要素生产率增长无论从短期来看还是从长期来看，都有显著的促进作用，但是，和西部地区相比，东部地区外商直接投资利用率在全要素生产率增长中的作用在减弱，技术溢出效应已不能抵消外资企业的资源和污染效应，而西部地区还可以通过加大外商直接投资利用率，多引进生产高技术含量产品、少能耗少污染排放的外资企业，切实发挥带动本土技术效率的作用。中部地区和西部地区相比较而言，利用外商直接投资额的提高对全要素生产率增长也产生了抑制作用。

第五章　资源环境约束下工业对省际全要素生产率增长的影响

　　工业作为中国经济崛起的核心产业，是中国全要素生产率提升的主要动力来源，随着国家优化产业结构的步伐加快，直到2013年，第三产业才逐步赶超第二产业在国内生产总值中的比重，[①] 工业增加值在中国各省区市生产总值中所占比重极大，从前文分析效率值和全要素生产率增长的影响因素中也可以看到，工业占比对中国各省区市全要素生产率有显著影响，是提升中国各省区市全要素生产率增长的主要路径。而且，在中国实现新型工业化的战略目标中，工业同时也是能源消耗和污染排放的主体，在推进能源生产、构建安全高效的能源体系、降低能耗、减少污染排放实现绿色发展方式[②]中，承担着主体责任。因此，本章将专门对工业的全要素生产率进行测算，并在此基础上分析中国各省区市工业的全要素生产率，分析工业全要素生产率对各省的全要素生产率有何影响，为实现中国"新常态"下经济绿色增长提供了理论依据。

---

　　① 国家统计局数据库．三次产业构成指标．https：//data. stats. gov. cn/easyqvery. htm？cn＝C01.

　　② 习近平．决胜全面建成小康社会，夺取新时代中国特色社会主义伟大胜利. http：//www. gov. cn/zhuanti/2017－10/27/content_5234876. htm.

第一节　工业全要素生产率的测算

本节从生产效率和全要素生产率增长两个方面，对中国的30 个省区市的工业全要素生产率进行测算，并分析其特征，探讨工业全要素生产率的增长源泉。

一、测算方法与数据来源

数据包络分析（DEA）法不需要设定任何形式的生产函数，完全依靠数据驱动，利用线性规划理论构造整个观测样本点的生产前沿面，以此来评估决策单元相对效率的非参数方法，在处理多投入、多产出问题上，数据包络分析法较传统的参数方法具有绝对优势。

方向性距离函数（DDF）是径向 DEA 模型的拓展，可以自定义被评价决策单元往前沿上投影的方向，理论上通过自定义方向向量，可以使无效决策单元沿任意设定的方向投影到前沿上。

Malmquist 指数则是通过投入产出距离函数来定义的一种指数，1994 年，费和格罗斯科普夫（Färe and Grosskopf）将其用于生产分析中，通过测算距离函数，建立了用来考察全要素生产率增长的 Malmquist 生产率指数，进而应用谢泼德（Shephard）距离函数将全要素生产率增长分解为技术进步变化与技术效率变化。在 Malmquist 指数基础上加入"坏"产出因素进行扩展便可得到 Malmquist-Luenberger（ML）指数，本章在资源环境因素约束下进行研究，以各期共同的生产集为参考，即采用 GML 指数，结合方向性距离函数对工业生产率进行测算。

囿于工业环境数据的可获得性，本章选取 2004～2016 年中国的 30 个省区市作为决策单元（DMU），测算中所用到的指标数据，来源于国家统计局数据库、《中国工业统计年鉴》《中国能源统计年鉴》《中国环境统计年鉴》《中国城市统计年鉴》以及中国各省区市历年统计年鉴。

二、指标选取

测算所用到的指标主要有：

（1）工业的劳动投入。劳动要素选用中国的 30 个省区市规模以上工业企业的全部从业人员平均人数（万人）表示。

（2）工业的资本投入。没有中国工业部门关于资本的直接数据，本章采用固定资产净值（亿元）来近似表示资本存量，并使用固定资产投资价格指数将其调整为以 2004 年为基期的不变价，以消除价格变动的影响，数据来源于《中国工业统计年鉴》。

（3）工业的能源投入。采用 2004～2017 年《中国工业统计年鉴》中规模以上工业企业主要指标中的工业能源消费总量（万吨标准煤）。

（4）期望产出。期望产出为工业增加值（亿元），为保证可比性，利用 GDP 平减指数将其调整为 2004 年不变价。

（5）非期望产出。考虑到"十一五"时期明确提出了减排目标的主要污染物为化学需氧量（COD）、二氧化硫（SO_2）、氨氮和氢氧化物，结合数据的可得性，本章采用各省的工业 COD 的排放量（万吨）和工业 SO_2 的排放量（万吨）。其中，部分省份 COD 排放量缺失的，用工业废水排放总量按当地排放标准做了折算补齐。

本章所有图表、数据如无特殊说明，资料来源均来自上述数据库。

表 5 – 1 描述了 2004～2016 年中国的 30 个省区市工业企业的劳动力、资本、能源、工业增加值、COD 和 SO_2 的排放量基本统计特征。

表 5 – 1　　　　　工业投入产出指标的描述性统计

指标	均值	标准差	最小值	最大值	观测数
资本投入（亿元）	6135.00	5554.46	272.92	33278.80	390
劳动投入（万人）	292.01	318.12	10.87	1568.00	390
能源投入（万吨标准煤）	13858.90	9808.54	761.17	58439.90	390
工业增加值（亿元）	5400.32	5500.97	151.56	31670.94	390
COD（万吨）	12.23	9.05	0.01	40.01	390
SO_2（万吨）	61.57	38.77	0.08	171.50	390

三、测算结果

（一）工业技术效率水平

本节考察了中国的 30 个省区市规模以上工业企业在

2004～2016 年的技术效率水平，分别测算了考虑资源环境因素约束前后的情形，用全局技术效率（GE）指数表示，样本期内的几何平均值测算结果，见表 5－2。

表 5－2 测算有资源环境约束、无资源环境约束情形下工业 GE 指数的结果

地区	有资源环境约束	无资源环境约束	地区	有资源环境约束	无资源环境约束	地区	有资源环境约束	无资源环境约束
北京	0.6540	0.5401	安徽	0.5957	0.6331	甘肃	0.4058	0.6484
福建	0.8483	0.8769	河南	0.6064	0.6710	广西	0.6339	0.8892
广东	0.8376	0.8826	黑龙江	0.5340	0.6110	贵州	0.4296	0.7778
海南	0.6259	0.6561	湖北	0.5744	0.6226	内蒙古	0.6936	0.9724
河北	0.6502	0.7183	湖南	0.7293	0.8320	宁夏	0.3740	0.8818
江苏	0.6565	0.6940	吉林	0.6354	0.7324	青海	0.4450	0.8023
辽宁	0.5166	0.5652	江西	0.6185	0.7222	陕西	0.5517	0.7001
山东	0.6208	0.6249	山西	0.4128	0.5556	四川	0.5834	0.6833
上海	0.6685	0.6659				新疆	0.4216	0.7867
天津	0.7653	0.7705				云南	0.5901	0.8185
浙江	0.6845	0.7296				重庆	0.7728	0.9115
东部地区			中部地区			西部地区		

根据 DEA 模型中关于效率评价指数的定义，效率值介于 0～1 区间，值越大效率越高，表明较少的输入能够产生较多的输出，为便于比较资源环境因素对技术效率的影响，根据表 5－2 的测算结果绘制折线图，见图 5－1。

从图 5－1 可以看出，考虑资源环境因素约束后，中国的 30 个省区市中，只有北京市和上海市出现了工业的全局效率值

有资源环境约束值略高于无资源环境约束值，其余普遍低于无资源环境约束的情形。这说明，忽视资源环境因素会造成绝大部分省区市工业生产效率高估，从分区域来看，这种高估的现象在西部地区尤其明显，中部地区次之，对东部地区各省市工业生产效率的影响相对最小，资源环境因素对三大区域工业生产效率水平的影响大小，可以从表 5 - 3 的区域平均值得出。

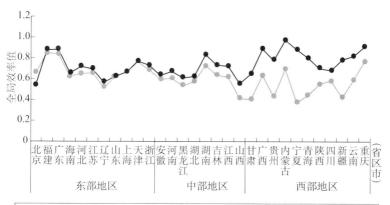

图 5 - 1　中国的 30 个省区市分成东中西部三大区域后有资源环境约束情形下、无资源环境约束情形下工业 GE 指数平均值的对比

表 5 - 3　考虑资源环境约束下的全局效率值 GE 指数平均值

东部地区		中部地区		西部地区	
北京	0.6540	安徽	0.5957	甘肃	0.4058
福建	0.8483	河南	0.6064	广西	0.6339
广东	0.8376	黑龙江	0.5340	贵州	0.4296
海南	0.6259	湖北	0.5744	内蒙古	0.6936
河北	0.6502	湖南	0.7293	宁夏	0.3740

东部地区		中部地区		西部地区	
江苏	0.6565	吉林	0.6354	青海	0.4450
辽宁	0.5166	江西	0.6185	陕西	0.5517
山东	0.6208	山西	0.4128	四川	0.5834
上海	0.6685			新疆	0.4216
天津	0.7653			云南	0.5901
浙江	0.6845			重庆	0.7728
平均值	0.6501	平均值	0.5741	平均值	0.5404

从生产效率水平来看，在东中西部三大区域中，东部地区的工业全局效率保持最高水平 0.6501，中部地区居中，西部地区最低。为直观起见，中国的 30 个省区市分成东中西部三大区域工业全局效率值柱状图，见图 5-2。

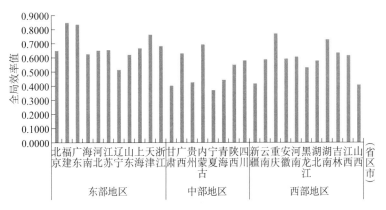

图 5-2　中国的 30 个省区市分成东中西部三大区域的工业全局效率值

结合图 5-2 可以直观地了解中国的 30 个省区市划分为东中西部三大区域后全局技术效率（GE）指数的情况，可以看

出，甘肃、贵州、宁夏、青海、新疆、山西的全局效率值都在
0.5000 以下，在提高技术效率水平方面仍有不小的挑战。中国
的 30 个省区市工业全局效率值在 0.8000 以上的只有福建和广
东 2 个省，这与其区位优势密不可分。

此外，将中国的 30 个省区市的工业全局效率值分区域汇
总，求其几何平均值，从时间维度来看，工业全局效率值的演
变趋势以 2011 年为界，呈现出明显的阶段特征。在 2004 ～
2011 年，东中西部三大区域的工业技术效率水平基本上呈现增
长趋势，而在 2011 年之后出现缓慢下降后再缓慢上升，这种
现象和数据的统计口径有关。因为 2011 年经国务院批准，纳
入规模以上工业企业统计范围的工业企业起点标准从年主营业
务收入 500 万元提高到 2000 万元。总体来说，工业技术效率
水平是在不断提升的。

东中西部三大区域的工业全局技术效率平均水平比较而
言，东部地区一直处于领先地位，而中部地区和西部地区一直
低于东部地区，中部地区的工业平均技术效率水平略高于西部
地区，差别不大，见图 5 - 3。

（二）工业 GML 指数

本部分测算 2004 ～ 2016 年中国的 30 个省区市规模以上工
业企业在 2004 ～ 2016 年的全要素生产率增长速度，并对其差
异来源进行分解。

第一，测算考虑资源环境因素时（用 GML 指数表示）和不考
虑资源环境因素时（用 GM 值表示）的生产率指数，用来测度全

要素生产率增长变化，GML 指数大于 1，表示生产率提高；小于 1，表示生产率降低。样本期内的 M 指数几何平均值测算结果，见表 5 –4。

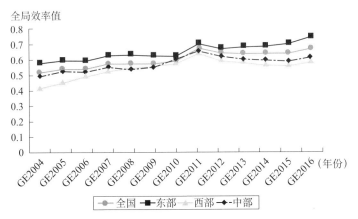

图 5 –3　全国及东中西部三大区域工业全局效率值的时间演变趋势

表 5 –4　　　中国的 30 个省区市有资源环境约束时、无资源
环境约束时的工业全要素生产率增长

地区	GML	GM	地区	GML	GM
北京	1.0504	1.0453	天津	1.0601	1.0583
福建	1.0321	1.0247	浙江	1.0245	1.0194
广东	1.0309	1.0226	吉林	1.0578	1.0286
海南	1.0307	1.0578	江西	0.9919	0.9815
河北	1.0072	0.9952	山西	0.9966	0.9685
江苏	1.0147	1.0071	中部地区平均值	1.0191	1.0016
辽宁	1.0271	1.0296	甘肃	1.0309	0.9927
山东	1.0003	0.9887	广西	1.0330	0.9795
上海	1.0581	1.0451	贵州	1.0448	0.9866

续表

地区	GML	GM	地区	GML	GM
内蒙古	1.0694	1.0025	青海	1.0873	1.0459
宁夏	1.0454	0.9982	陕西	1.0388	1.0016
东部地区平均值	1.0214	1.0142	四川	1.0298	1.0043
安徽	1.0319	1.0165	新疆	1.0146	0.9654
河南	0.9852	0.9680	云南	1.0253	1.0209
黑龙江	0.9815	0.9714	重庆	1.0123	0.9856
湖北	1.0691	1.0452	西部地区平均值	1.0294	0.9906
湖南	1.0304	0.9962	全国	1.0218	1.0089

　　根据表5-4绘制出中国的30个省区市分成三大区域后全要素生产率增长的折线图，对加入资源环境因素约束前后的情形进行对比分析，见图5-4。

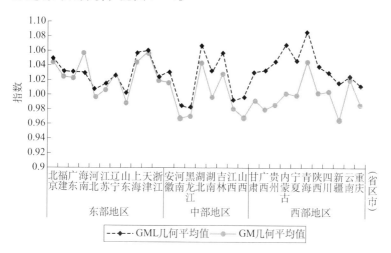

图5-4　中国的30个省区市分成东中西部三大区域后有资源环境约束时、无资源环境约束时的工业全要素生产率增长对比

从图 5-4 可以看出，中国的 30 个省区市中的 28 个省区市工业的 GML 指数比 GM 指数要大，只有海南省和辽宁省出现了略小的情况。资源环境因素对中国的 30 个省区市工业生产率的影响普遍存在，其中，西部地区的省区市受其影响比其他区域要大，对内蒙古自治区的影响最大，高估了 6.67%。从分区域来看，加入资源环境约束后，全国的工业 GML 指数比不加约束时的 GM 指数高出 1.30%，西部地区的工业 GML 指数几何平均高估了 3.90%，受影响最大，中部地区高估了 1.70%，东部地区高估了 0.70%。这说明，资源环境因素在测算工业 GML 指数时不可或缺。

同时，对于中国的 30 个省区市的工业生产率而言，加入资源环境约束后比不加资源环境约束的要高，与前一部分测算工业技术效率 GE 指数的情形恰好相反，即在测算工业的全要素生产率增长时加入资源环境因素拉低了工业技术效率值，却提高了 GML 指数。

剖析这一现象的原因不难发现，这和 Malmquist 生产率指数的构成机理密不可分，因为 GML 指数可以分解成效率变化 EC 指数和技术变化 TC 指数两个成分，而在生产过程中，工业的非期望产出需要投入治理成分，且会受到国家环境政策的刚性约束，生产效率会降低，但同时，会倒逼工业企业投放更多精力提升生产技术，如果技术变化的正向影响抵消投入成本的负向影响，最终生产率整体是提升的，即 GML 指数会比不考虑资源环境因素时高，实现工业的全要素生产率增长。

第二，每个决策单元（即中国各省区市）每两年计算出一个对应的指数，本节仅对工业 GML 指数的几何平均值进行比较分析，为直观起见，将中国的 30 个省区市分成东中西部三大区域后的工业 GML 指数的几何平均值画成柱状图，见图 5 - 5。

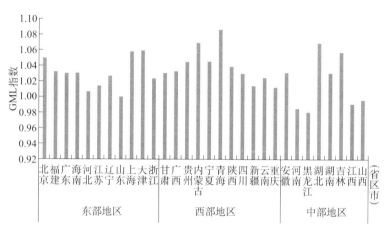

**图 5 - 5 中国的 30 个省区市分成东中西部三大区域后的
工业 GML 指数几何平均值**

结合表 5 - 4、图 5 - 5 分析得到，中国的 30 个省区市分成东中西部三大区域后的工业 GML 指数的几何平均值有如下两个特征。

（1）大多数省区市的工业 GML 指数大于 1.00，说明在样本期内，工业生产率是提升状态，只有河南省、黑龙江省、江西省和山西省四个省工业生产率降低。

（2）加入资源环境因素后全国的 GML 指数为 1.0218，即全国的全要素生产率增长提升了 2.18%，西部各省的全要素生产率增长提高了 2.94%，超过全国的平均提升速度，虽然西部各省的工业全要素生产率增长最快，但这并不意味着生产效率高，只是呈现较快的追赶速度。中部各省的工业全要素生产率增长最慢，全要素生产率平均增长了 1.91%，主要是其中 4 个省份工业生产率降低，拉低了整体的提升速度。

接下来，对考虑资源环境约束前后的全要素生产率增长指数进行样本配对 t 检验，以便于确定这种差异在统计上是否显著。本节选取代表全要素生产率增长的 GML 指数和 GM 指数为配对样本，来分析考虑资源环境约束对中国的 30 个省区市工业的全要素生产率增长是否存在显著性差异。检验结果，见表 5 - 5。

表 5 - 5   中国的 30 个省区市工业 GML 指数配对 t 检验

配对样本检验	平均值	标准差	标准误	t	自由度	显著性（双尾）
H_0：GM = GML	0.0220	0.0207	0.0038	5.8260	29	0.0000

根据表 5 - 5，P 值为 0.0000，在 1% 显著性水平上拒绝原假设，表明是否考虑资源环境约束这两种情况下，样本期内 Malmqusist 指数的均值都发生了显著变化，与前文分析一致。

第二节   工业全要素生产率增长特征及其与省际全要素生产率的关系

在第一节测算结果的基础上，本节对工业全要素生产率的增长特征进行分析，进一步明晰工业全要素生产率增长与中国各省区市的全要素生产率增长的关系。

一、工业全要素生产率增长的分解及区域分布特征

资源环境因素对工业的全局技术效率 GE 指数和 GML 指数的影响呈现出完全相反的方向，本节按照 GML 指数的分解理论，将工业全要素生产率增长来源分为效率变化（EC）和技术进步（TC）两类，从动态变化而不是静态水平值的视角，进一步分析中国各省区市工业全要素生产率增长的差异。

中国的 30 个省区市的工业 GML 指数分解结果，见表 5 - 6，其中，EC 指数、TC 指数的含义和 GML 指数一样，大于 1 表示生产率提高，小于 1 表示生产率降低。

表 5 - 6　　　　全国及各地区工业 GML 的分解

地区	GML 指数	EC 指数	TC 指数	地区	GML 指数	EC 指数	TC 指数
北京	1.0504	1.0000	1.0504	吉林	1.0578	1.0096	1.0477
福建	1.0321	1.0000	1.0321	江西	0.9919	0.9563	1.0372
广东	1.0309	1.0000	1.0309	山西	0.9966	0.9447	1.0550
海南	1.0307	1.0000	1.0307	中部地区平均值	1.0191	0.9794	1.0405
河北	1.0072	0.9718	1.0365	甘肃	1.0309	0.9811	1.0507
江苏	1.0147	0.9786	1.0369	广西	1.0330	0.9923	1.0410
辽宁	1.0271	0.9752	1.0533	贵州	1.0448	0.9928	1.0524
山东	1.0003	0.9632	1.0386	内蒙古	1.0694	1.0123	1.0564
上海	1.0581	0.9985	1.0597	宁夏	1.0454	0.9984	1.0471
天津	1.0601	1.0049	1.0549	青海	1.0873	0.9973	1.0902
浙江	1.0245	0.9913	1.0336	陕西	1.0388	0.9873	1.0521

续表

地区	GML 指数	EC 指数	TC 指数	地区	GML 指数	EC 指数	TC 指数
东部地区 平均值	1.0214	0.9816	1.0406	四川	1.0298	0.9880	1.0423
安徽	1.0319	0.9938	1.0384	新疆	1.0146	0.9421	1.0770
河南	0.9852	0.9496	1.0375	云南	1.0253	0.9738	1.0528
黑龙江	0.9815	0.9411	1.0429	重庆	1.0123	0.9813	1.0315
湖北	1.0691	1.0083	1.0603	西部地区 平均值	1.0294	0.9809	1.0494
湖南	1.0304	0.9920	1.0387	全国	1.0218	0.9819	1.0406

从表 5-6 可以看出，中国的 30 个省区市的工业技术进步变化值都大于 1.0000，说明中国的 30 个省区市的技术进步水平是一致在提升的，将 GML 指数、EC 指数和 TC 指数画成折线图，见图 5-6。

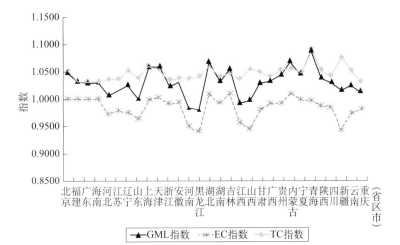

图 5-6　中国的 30 个省区市工业全要素生产率增长源泉分解

可以通过图 5-6 看出，中国的 30 个省区市中的大部分省区市的工业技术进步指数 TC 波动幅度很小，说明技术进步水平是差不多的，同时，GML 指数年平均值和技术效率指数 EC 的形态一致，说明这些省区市的工业全要素生产率增长主要是技术效率主导提升，技术效率而非技术进步是其主要来源。

二、工业全要素生产率增长的时间演变趋势

从时间维度来看，将中国的 30 个省区市分成东中西部三大区域后，随着时间的推移，中国各省区市工业 GML 指数呈现阶段性特征，在 2011 年以前基本上大于 1，说明此阶段工业生产率是提高的，而 2011 年之后下降到小于 1，然后稳定趋于 1，见图 5-7。一方面，和工业数据的统计口径发生变化有关；另一方面，也说明中国工业化进程由粗放式增长转变为集约式增长，不再盲目追求提升速度，而是向内涵式发展平稳过渡。

对效率变化指数 EC 和技术进步指数 TC 分别画折线图考察样本期内随时间演变的特征，见图 5-8 和图 5-9。

由图 5-8 可见，从全国工业效率变化 EC 指数的平均值来看，大多数年份是小于 1 的，说明工业技术效率提升较慢，并呈现一定的阶段性特征，在 2009~2012 年波动幅度较大，其余年份相对来说比较平稳，西部地区的 EC 指数在 2009 年以前

高于东部地区和中部地区，而在 2012 年之后，低于其他两个
地区，东部地区则恰好与之相反。这个现象可能和 2008 年发
生的全球金融危机有关。

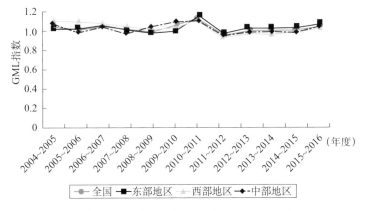

图 5 - 7　各区域工业 GML 指数的变化趋势

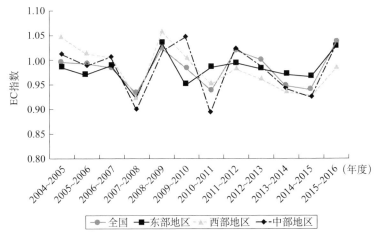

图 5 - 8　工业效率变化指数 EC 的时间趋势

虽然从中国的 30 个省区市 GML 指数的分解分析得出，每个地区的全要素生产率增长差异由技术效率主导，但是，从时间维度来看，工业技术变化 TC 指数与工业 GML 指数变化趋势大体一致，说明随着时间的推移，工业全要素生产率增长主要还是靠技术进步来推动，技术进步将是中国工业化道路顺利进行的主要源泉。

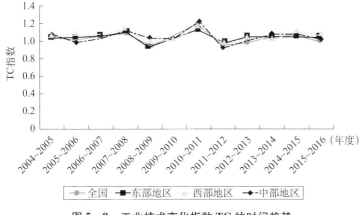

图 5 - 9　工业技术变化指数 TC 的时间趋势

三、工业全要素生产率增长与中国的 30 个省区市全要素生产率的关系

本部分分析中国各省区市的工业全要素生产率增长与中国各省区市的全要素生产率之间的关系。GML 指数是根据每个决策单元每两年计算出一个相对上一年变化的指数，本节将以 2004～2005 年的 GML 指数为基数，计算出逐年累计 GML 指

数，对其进行比较分析。

将中国的 30 个省区市 2005～2016 年的累计 GML（CGML）指数和工业 CGML 指数进行几何平均，逐年列在表 5－7 中，并画出相应的折线图，见图 5－10。

表 5－7　　2005～2016 年中国的 30 个省区市 CGML 指数和工业 CGML 指数的几何平均值对比

类别	2005 年	2006 年	2007 年	2008 年	2009 年	2010 年
工业 CGML	1. 0413	1. 0475	1. 0989	1. 1128	1. 0990	1. 1387
省区市 CGML	0. 9920	1. 0391	1. 1418	1. 2707	1. 3964	1. 5900
类别	2011 年	2012 年	2013 年	2014 年	2015 年	2016 年
工业 CGML	1. 2916	1. 2396	1. 2377	1. 2338	1. 2404	1. 2957
省区市 CGML	2. 0536	2. 5457	3. 1509	3. 8878	4. 8225	6. 2485

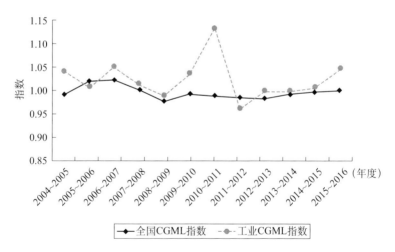

图 5－10　中国的 30 个省区市的 CGML 指数及其工业 CGML 指数时间趋势对比

计算工业 CGML 指数和中国的 30 个省区市 CGML 指数的

相关系数 ρ = 0.785，相关程度颇高。从全局技术效率 GE 指数的角度对工业全要素生产率进行静态对比分析，见表 5 – 8。

表 5 – 8　2004 ~ 2016 年中国的 30 个省区市全局效率值和工业全局效率值的几何平均值对比

类别	2004 年	2005 年	2006 年	2007 年	2008 年	2009 年	2010 年
工业 GE 指数	0.5172	0.5386	0.5418	0.5684	0.5756	0.5684	0.5890
省区市 GE 指数	0.7355	0.7296	0.7437	0.7605	0.7609	0.7435	0.7373

类别	2011 年	2012 年	2013 年	2014 年	2015 年	2016 年	
工业 GE 指数	0.6680	0.6412	0.6402	0.6382	0.6416	0.6702	
省区市 GE 指数	0.7281	0.7171	0.7042	0.6980	0.6969	0.6960	

计算出 2004 ~ 2016 年中国的 30 个省区市全局效率值和工业全局效率值的相关系数 ρ = 0.7040，说明两者之间有着高度正相关关系，工业技术效率的提升将会提高中国的 30 个省区市的全局效率，见图 5 – 10。

从图 5 – 10 也可以直观看出，除了 2011 年两者的差异较大之外，其他年份几乎呈现一致的变化趋势。不考虑 2011 年规模以上工业企业的标准发生变化之外，可以初步认为中国各省区市规模以上工业企业的 TFP 增长是中国各省区市 TFP 增长的主导力量。这和样本期内中国产业结构的现实是吻合的。因此，接下来，着重探讨中国各省区市工业全要素生产率增长的路径，从而为提升中国各省区市的全要素生产率明晰方向。

第三节 资源环境约束下中国的 30 个
省区市的工业全要素生产率
增长的路径

在前述对纳入资源环境因素的中国的 30 个省区市的工业全要素生产率增长进行测算和初步分析的基础上，本节通过对能源消费结构、环境治理投资与中国工业全要素生产率增长之间的效应关系进行实证分析。重点探讨在资源有限、环境污染政策双重压力下，中国的 30 个省区市的工业全要素生产率如何增长会有助于工业结构优化升级的路径，并提出相应的政策建议。

一、方法和模型

奥蒂（Auty，1993）提出了资源诅咒命题，即自然资源对区域经济发展究竟是"福音"还是"诅咒"，自此以后，经济学家们进行了大量的理论探索与实证探索，但至今尚未形成共识。传统观点认为，自然资源对区域经济增长具有绝对促进作用，尤其是发达国家的发展历程，让大家认为丰富的能源是工业化起步的基础和经济增长的引擎，但是，也有自然资源贫乏的国家实现了经济迅速发展，而资源丰富、高度依赖资源出口国家却陷入经济低迷的大量事实（邵帅，2013）。因此，资源环境因素对经济增长的影响，是广受学术界关注的问题。本节基于这个理论假说，着重分析能源消费结构、环境治理投资对工业全要素生产率增长的效应。

本节用到的模型为冈萨雷斯等（González et al.，2004）[①]提出的面板平滑转换模型（PSTR），可以实现回归系数在各个区制间平滑转移，克服传统面板门槛回归模型突变转换的缺陷。两区制 PSTR 模型的形式为：

$$y_{it} = \mu_i + \beta'_0 x_{it} + \beta'_1 x_{it} g(q_{it}, \gamma, c) + u_{it} \quad i = 1,2,\cdots,N; t = 1,2,\cdots,T$$

$$(5-1)$$

在式（5 - 1）中，y_{it} 表示被解释变量，x_{it} 表示解释变量，μ_i 表示个体固定效应，u_{it} 表示随机误差项；q_{it} 表示转移变量，转移函数 g（q_{it}，γ，c）是关于转移变量 q_{it} 的连续单增函数，取值为 0 ~ 1 之间；γ 是斜率系数，表示区制转移的速度，越大表示转移速度越快，反之，转移速度越慢；c 表示区制发生转移的位置参数；在位置参数给定时，随着转移变量 q_{it} 的变化，模型中 x_{it} 的系数将在 β_0 和 $\beta_0 + \beta_1$ 之间平滑变动。两区制转移函数 g（q_{it}，γ，c）的定义为：

$$g(q_{it}, \gamma, c) = \{1 + \exp[-\gamma(q_{it} - c)]\}^{-1} \quad (5-2)$$

扩展到具有 r + 1 个区制的一般形式为：

$$y_{it} = \mu_i + \beta'_0 x_{it} + \sum_{j=1}^{r} \beta'_j x_{it} g_j(q^j_{it}, \gamma_j, c_j) + u_{it} \quad (5-3)$$

因此，两区制 PSTR 模型即转换函数个数为 r = 1 时的情

① González A.，Teräsvirta T.，Dijk D. Panel Smooth Transition Regression Model [R]. SSE/EFI Working Paper Series in Economics and Finance，2004.

形。分析 PSTR 模型的主要步骤包括线性检验与剩余非线性检验，转换函数最优个数和位置参数确定以及模型参数估计等。

二、变量选取与数据处理

（一）变量选取

本节结合影响中国的 30 个省区市 TFP 增长的因素，考虑工业 TFP 增长的影响因素，选取了几个主要变量，统计如下。

（1）被解释变量。本节选取工业 TFP（记为 TFP）增长作为被解释变量，具体指标即上文中用方向距离函数（DDF）和 Malmquist-Luenberger 模型测得的生产率指数 GML 指数，借鉴已有文献的经验方法，做了累计乘积的处理，得出的 CGML 指数表示 2004～2016 年中国的 30 个省区市的工业 TFP 增长。

（2）解释变量和转换变量。本节中能源指标、环境指标既是核心解释变量，又是转换变量，分别考虑用能源消费结构和工业污染治理投资来表示。具体指标为各省煤炭消费量占能源消费总量的百分比（coalE）和工业污染治理投资占工业总产值的比重（CY）。

（3）控制变量。中国的 30 个省区市间经济发展水平、产业结构和资源禀赋等差异较大，必然导致资源环境因素对中国工业 TFP 的效应呈现截面异质性。结合前文对省际 TFP 增长的影响分析，综合现有文献研究，选取以下指标做控制变量。

经济发展水平以人均地区生产总值（PGDP）表示，折算成 2004 年不变价以消除价格变动的影响。结构因素分禀赋结构和产业结构，分别以资本劳动比（KL）、工业增加值占 GDP 百分比（INDY）表示。科技因素以研究及开发机构 R&D 经费内部支出占 GDP 百分比（RDY）表示。涉外因素以实际利用外商直接投资额占 GDP 的百分比（FDIY）表示。

（二）数据处理

本节中涉及的所有价值变量，均按照历年相应的平减指数将其调整为以 2004 年为基期的不变价，消除价格变动的影响。各变量的描述性统计分析，见表 5 - 9。

表 5 - 9　　　　　　　　各变量的描述性统计

变量名	平均值	标准差	最小值	最大值	观测数
CGML	1. 2603	0. 3352	0. 5711	2. 7291	360
PGDP	10. 0943	0. 5989	8. 4729	11. 5482	360
KL	29. 9075	18. 6795	8. 1222	123. 2446	360
INDY	0. 3996	0. 0806	0. 1190	0. 5304	360
coalE	0. 6020	0. 1668	0. 0863	0. 9218	360
CY	0. 1658	0. 1369	0. 0067	0. 9918	360
RDY	0. 2794	0. 5074	0. 0264	3. 0536	360
FDIY	2. 3734	1. 8063	0. 0386	8. 1914	360

三、资源环境约束对中国的 30 个省区市工业全要素生产率增长的非线性效应研究

（一）资源环境约束对工业全要素生产率增长的门槛效应检验

本节以中国的 30 个省区市规模以上工业企业的劳动生产率来衡量 TFP 增长，用 PSTR 模型对能源的门槛效应进行实证分析。检验面板数据是否具有截面异质性，通过构造拉格朗日乘子统计量 LM_{χ^2}、LM_F 对面板数据进行线性检验，其相应的 HAC 统计量为检验的稳健性作参考。原假设 H_0 表示为 $r = 0$，若拒绝原假设，则证明面板数据不具有线性特征，本节以能源消费结构（coalE）和工业污染治理投资占比（CY）作为资源环境约束的代理变量，为转移变量检验模型是否具有非线性特征构建计量模型如下：

$$\begin{aligned}
CGML_{it} = {}& \mu_i + \beta_{01} coalE_{it} + \beta_{02} KL_{it} + \beta_{03} INDY_{it} + \beta_{04} RDY_{it} + \beta_{05} FDIY_{it} \\
& + \beta_{06} PGDP_{it} + (\beta_{11} coalE_{it} + \beta_{12} KL_{it} + \beta_{13} INDY_{it} + \beta_{14} RDY_{it} \\
& + \beta_{15} FDIY_{it} + \beta_{16} PGDP_{it}) \{1 + \exp[-\gamma(q_{it} - c)]\}^{-1} + u_{it}
\end{aligned}$$

$$(5-4)$$

$$\begin{aligned}
CGML_{it} = {}& \mu_i + \beta_{01} CY_{it} + \beta_{02} KL_{it} + \beta_{03} INDY_{it} + \beta_{04} RDY_{it} + \beta_{05} FDIY_{it} \\
& + \beta_{06} PGDP_{it} + (\beta_{11} CY_{it} + \beta_{12} KL_{it} + \beta_{13} INDY_{it} + \beta_{14} RDY_{it} \\
& + \beta_{15} FDIY_{it} + \beta_{16} PGDP_{it}) \{1 + \exp[-\gamma(q_{it} - c)]\}^{-1} + u_{it}
\end{aligned}$$

$$(5-5)$$

在式（5-4）、式（5-5）中，μ_i 表示个体固定效应，u_{it} 表示随机误差项，$i = 1，2，\cdots，30$ 表示省（区、市）的数量，$t = 1，2，\cdots，12$ 表示年份的数量。本节分别考虑能源消费结构 coalE 和工业污染治理投资 CY 作为转换变量为 q_{it} 时对应的式（5-4）和式（5-5）两个模型。能源消费结构作为转换变量，对位置参数 $m = 1$ 和 $m = 2$ 时的检验结果，见表 5-10。

表 5-10　　　　　　　　线性检验与剩余非线性检验

转换变量	coalE				
线性检验	m = 1	m = 2	剩余非线性检验	m = 1	m = 2
LM	77.334 ***	73.426 ***	LM	56.121	54.160
	（0.000）	（0.000）		（0.399）	（0.121）
LMF	9.757 ***	9.264 ***	LMF	7.081	6.833
	（0.000）	（0.000）		（0.490）	（0.190）
HAC_X	12.840 **	14.464 *	HAC_X	7.101	8.632
	（0.076）	（0.044）		（0.396）	（0.280）
HAC_F	1.620	1.825 *	HAC_F	0.896	1.089
	（0.129）	（0.082）		（0.488）	（0.370）
AIC	−13.570	−12.340			
BIC	14.157	15.387			
转换函数最优个数	r = 1	r = 1			

注：*、**、*** 分别表示在10%、5%、1%的显著性水平下显著，括号内数值为 P 值。

由表 5-10 可知，能源消费结构作为转换变量时两种情形的模型均在 1% 的显著性水平下拒绝了线性原假设，说明能源消费结构与工业 TFP 增长有显著的非线性关系。剩余非线性检验中，两个模型在 1% 的显著性水平上均接受了原假设，说明两个模型的最优转移函数个数为 1，即可以用两区制的 PSTR

模型进行非线性效应分析。

工业污染治理投资 CY 作为转换变量，对位置参数 m = 1 和 m = 2 时的情形进行检验，结果见表 5 - 11。

表 5 - 11　　　　　线性检验与剩余非线性检验（环境）

转换变量	CY					
线性检验	m = 1	m = 2	剩余非线性检验	m = 1	m = 2
LM	129.700 ***	155.21 ***	LM	185.7	113.86
	(0.000)	(0.000)		(0.101)	(0.154)
LMF	16.44 ***	6.997 ***	LMF	10.75	1.737
	(0.000)	(0.000)		(0.120)	(0.109)
HAC_X	12.66 *	10.89	HAC_X	12.16 *	6.626
	(0.081)	(0.143)		(0.095)	(0.469)
HAC_F	1.605 **	1.381	HAC_F	1.525	0.831
	(0.033)	(0.212)		(0.158)	(0.562)
AIC	- 12.947	- 11.955			
BIC	14.779	15.771			
转换函数最优个数	r = 1	r = 1			

注：*、**、*** 分别表示在 10%、5%、1% 的显著性水平下显著，括号内的数值为 P 值。

由表 5 - 11 可知，工业污染治理投资 CY 作为转换变量时检验结果类似，说明工业污染治理投资占比与工业 TFP 增长也有显著的非线性关系。通常情况下，两区制的 PSTR 模型能够充分反映面板数据的截面异质性，因此，根据 AIC 准则和 BIC 准则，在本节中确定转换函数最优个数 r = 1，位置参数最优个数 m = 1，可以用有一个位置参数的两区制 PSTR 模型分析。

（二）实证结果和分析

能源消费结构作为转换变量时对中国的 30 个省区市工业

全要素生产率的非线性效应实证结果，见表 5 - 12。可以看出，模型的 6 个变量中，在 5% 的显著性水平上线性部分有 4 个变量显著，非线性部分有 3 个变量是显著的，并且，能源消费结构对工业全要素生产率增长有明显的非线性影响。其中，经济发展水平（PGDP）、资本劳动比（KL）和能源消费结构（coalE）有显著的正向影响，研发投入（RDY）有显著的负向线性影响，但其非线性影响不显著。

表 5 - 12　　　　能源消费结构对中国的 30 个省区市工业
全要素生产率的非线性效应估计

线性部分	PGDP_0	KL_0	INDY_0	coal_E_0	RDY_0	FDIY_0
回归系数	4.2355 ** (0.0101)	5.3362 ** (0.0242)	1.717 (0.8702)	7.3472 ** (0.0469)	- 2.2487 ** (0.0139)	0.0235 (0.9597)
非线性部分	PGDP_1	CY_1	INDY_1	coal_E_1	RDY_1	FDIY_1
回归系数	7.0654 ** (0.0360)	8.988 ** (0.0207)	2.8935 (0.8709)	4.3949 ** (0.0271)	4.0511 (0.6010)	- 0.1541 (0.8451)
系数和	- 2.8299	- 3.6518	4.6105	11.7421	1.8024	- 0.1306
斜率参数	102.514 *** (0.0001)		位置参数	0.507 *** (0.0001)		

注：①＊、＊＊、＊＊＊分别表示在 10%、5%、1% 的显著性水平下显著；②括号内数值为 P 值。

当转换变量能源消费结构在位置参数 0.507 处时，模型以斜率 102.514 从低区制平滑转换到高区制。经济发展水平（PGDP）的系数在 4.2355 和 - 2.8299 区间平滑变动，在低区制该指标对工业全要素生产率增长有正向影响，而高区制时有负向影响；研发投入（RDY）的系数在 - 2.2487 和 1.8024 区间平滑变动，模型处于低区制时研发投入对工业全要素生产率增长的抑制作用大于高区制时的情形，这是因为研发投入占用工业企业成本，短时期内显现不出明显成果，对生产效率的提升有滞后效应。能源消费结构（coalE）的系数在 7.3472 ~ 11.7421 区间平滑变动，即低区制时，中国各省区市煤炭消费量占能源消费总量的百分比每上升 1%，将促进工业全要素生产率增长 7.3472%，而高区制时能促进工业全要素生产率增长 11.7421%。这个结果说明，能源在中国工业经济增长方面投入比例越大，促进效应越大。禀赋结构资本－劳动比（KL）对工业全要素生产率增长有显著的正向影响，其促进作用在低区制时比高区制时要小。

被解释变量以能源消费结构 coalE 作为转换变量时，转移函数，如图 5－11 所示。转移位置 c = 0.507，以斜率系数 102.514 平滑转换。在 360 个样本观测值中，有 270 个样本的煤炭消费量占能源消费总量的百分比大于 0.507，即有 75% 的决策单元位于高区制，这些工业企业能源消费结构的提升能有效地促进工业全要素生产率增长。

曲线上的一个点代表一个观测值，可以看到在高区制、低区制都有观测值的分布，中间位置还有部分观测值，说明门槛变量从低区制到高区制是平滑过渡的，并且，转换函数的取值范围较大，转换效果明显，因此，本节使用 PSTR 模型进行分析可以修正用普通门槛模型时门槛变量突变结构带来的误差。

工业污染治理投资占工业总产值的比重（CY）作为转换变量时，对中国省（区、市）工业全要素生产率增长的非线性效应实证结果，见表 5－13。

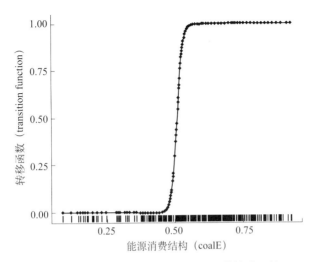

图 5 - 11　能源消费结构作转移变量的转移函数

表 5 - 13　　　工业污染治理投资占比对中国各省（区、市）
工业全要素生产率的非线性效应估计

线性部分	PGDP_0	KL_0	INDY_0	CY_0	RDY_0	FDIY_0
回归系数	0.463 **	0.002	0.041 **	- 3.877 **	0.531	0.013
	(0.038)	(0.333)	(0.012)	(0.054)	(1.365)	(0.105)
非线性部分	PGDP_1	KL_1	INDY_1	CY_1	RDY_1	FDIY_1
回归系数	- 0.976	0.019 *	8.845 *	0.429 **	0.154	0.256
	(0.649)	(0.076)	(0.069)	(0.030)	(0.110)	(0.977)
系数和	- 0.513	0.021	8.886	4.306	0.685	0.269
斜率参数	2.471 **		位置参数	0.564 *		
	(0.040)			(0.089)		

　　当转换变量工业污染治理投资占比在位置参数 0.564 处时，模型以斜率 2.471 从低区制平滑转换到高区制。随之而变

时，经济发展水平（PGDP）的系数在 0.463 和 -0.513 区间平滑变动，但统计上非线性部分并不显著；工业增加值占 GDP 百分比重（INDY）的系数在 0.041 和 8.886 区间平滑变动，说明产业结构对工业全要素生产率增长均有显著的正向影响，且高区制时两者影响的效应比低区制时大。

还可以看出，工业污染治理投资占比（CY）对工业全要素生产率增长有明显的非线性影响，且在低区制时该指标对工业全要素生产率增长有负向影响，工业污染治理投资占比每提升 1%，工业全要素生产率增长下降 3.877%。这表明，低区制时较强的环境治理投资投入，挤占了企业成本，不能获取短期利益，企业可能会忽视环保技术研发和管理模式创新对生产率的促进作用，进而使企业技术效率水平没有提升，导致对工业的生产效率的促进作用较低。当处于高区制时，工业污染治理投资占比每提升 1%，工业全要素生产率增长提升 4.306%，这些环境治理投资投入比重高的企业，倒逼企业进行环保技术改善，推动企业转型升级，从而促进了工业全要素生产率的增长。

被解释变量分别以工业污染治理投资占比 CY 作为转换变量时的转移函数，如图 5-12 所示。转移位置 c = 0.564，以斜率参数 2.417 平滑转换。位于高区制的样本观测数有 95 个，占样本观测值的 26.3%，这些样本对应的工业企业加大污染治理投资是能促进其技术效率改善的。

由图 5-12 可知，观测值在高区制、低区制都有，并且，还有部分观测值处于中间位置，但是分布比较集中，说明门槛变量从低区制到高区制是平滑过渡的，只是转换幅度不大。

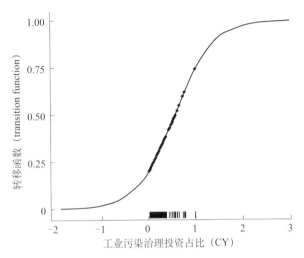

图 5 - 12　工业污染治理投资占比作转移变量的转移函数

（三）稳健性检验

为检验非线性效应模型的稳健性，本节采用改变样本数量的方法对式（5 - 4）作稳健性分析。根据前文所述，2011 年规模以上工业企业的标准发生变化，因此，取 2010 ~ 2016 年的子样本，重复上述分析步骤，先进行线性检验与剩余非线性检验，确定转换函数最优个数 r = 1，位置参数最优个数 m = 1，用一个位置参数的两区制 PSTR 模型分析，回归结果见表 5 - 14。

表5－14   子样本期作稳健性检验

线性部分	PGDP_0	KL_0	INDY_0	coalE_0	RDY_0	FDIY_0
回归系数	1. 6186 **	0. 0996 *	37. 1784	11. 5634 **	4. 9385 *	1. 3758
	(0. 0477)	(0. 0564)	(0. 3867)	(0. 0207)	(0. 0718)	(0. 1879)
非线性部分	PGDP_1	KL_1	INDY_1	coal_ E_1	RDY_1	FDIY_1
回归系数	－ 2. 3579	－ 0. 143	55. 0733 *	29. 2205	9. 3981 *	－ 2. 383
	(0. 6201)	(0. 1241)	(0. 0528)	(0. 1238)	(0. 0865)	(0. 2176)
系数和	－ 0. 7393	0. 0434	17. 8949	17. 6571	4. 4596	1. 0072
斜率参数	64. 8		位置参数	0. 3999		
	(0. 093)			(0. 000)		

由表5－14的结果可以看出，子样本期内能源消费结构 coalE 作为转换变量时，除了研发投入（RDY）的系数线性部分变为正号之外，其他变量的符号不变，显著性也没有明显变化，说明分析结果是稳健的。

被解释变量分别以能源消费结构 coalE 作为转换变量时的转移函数，如图5－13所示。转移位置 c = 0. 3999，以斜率系数 64. 8 平滑转换。

与全样本期内相比，观测值依然分布在高区制、低区制，并且，有相当一部分观测值处于中间位置，说明门槛变量从低区制到高区制是平滑过渡的，本节使用 PSTR 模型进行分析是稳健的。

综上所述，资源环境对工业全要素生产率增长的门槛效应是存在的，资源环境约束代理变量无论是选择能源消费结构（coalE）还是工业污染治理投资占比（CY），作为转移变量时都能检验出对被解释变量的影响具有非线性特征，且转换函数的转换效果明显，本节使用 PSTR 模型的分析结果是可靠的。

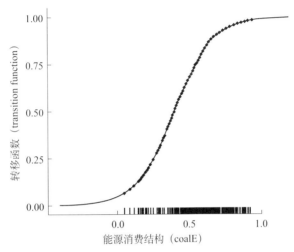

图 5 – 13　子样本期能源消费结构做转移变量的转移函数

当能源消费结构做转换变量时，能源消费结构对工业全要素生产率增长有明显的非线性影响。其中，经济发展水平（PGDP）、资本 – 劳动比（KL）和能源消费结构（coalE）有显著的正向影响，研发投入（RDY）有显著的负向线性影响，但非线性影响不显著。那么，可以根据中国的 30 个省区市中的各省区市的禀赋差异，配置最优化的资本 – 劳动比，提升能源利用效率，尽快让研发投入有效转化为显性成果，可以提高工业生产效率，从而进一步提升中国各省区市的全要素生产率增长。

工业污染治理投资占工业总产值的比重（CY）作为转换

变量时，检验结果给出的启示是，优化产业结构，针对位于不同区制时的工业企业，采取不同的环境规制策略，让环保技术研发和管理模式创新取得较高技术效率水平的工业企业，充分发挥其溢出效应，倒逼低区制工业企业进行环保技术改善，推动企业转型升级，促使工业全要素生产率增长，从而带动中国各省区市的全要素生产率增长。

第四节　本章小结

本章对 2004～2016 年中国各省区市在资源环境约束下的工业全要素生产率进行了测算，并在此基础上分析了中国各省区市工业全要素生产率的区域特征、演变趋势以及工业全要素生产率与各省区市的全要素生产率的关系，最后，对资源环境约束下中国各省区市的工业全要素生产率增长路径进行了探讨，为工业转型升级提供了理论依据。

主要结论有五点。

（1）在样本期内，大部分省区市的工业生产率提高，只有河南、黑龙江、江西和山西四省工业生产率降低。西部的工业生产率提升最快，呈现较快的追赶速度，中部地区各省区市的工业生产率提升最慢。

（2）从技术效率水平来看，东中西部三大区域的工业技术效率平均水平比较而言，东部地区一直处于领先地位，而中部地区和西部地区一直低于东部地区，中部地区的工业技术效率平均水平略高于西部地区，差别不大。从时间维度来看，工业全局效率值的演变趋势以 2011 年为界，呈现明显的阶段特征，总体来说，工业技术效率水平是在不断提升的。

（3）从工业 GML 指数来看，中国各省区市每个地区的全要素生产率增长差异由技术效率主导，但是，将中国各省区市分为东中西部三大区域后，从时间维度来看，工业技术变化 TC 指数与工业 GML 指数变化趋势大体一致。这说明，随着时间的推移，工业全要素生产率的增长主要还是靠技术进步来推动，技术进步将是中国工业化道路顺利进行的主要源泉。

（4）在全要素生产率增长分析中，从静态的全局技术效率 GE 指数来看，中国各省区市的 GE 指数和工业 GE 指数的相关系数 $\rho = 0.704$，说明两者之间有着高度正相关关系，工业技术效率的提升将会提高中国各省区市的全局效率；从动态的 GML 指数来看，工业 CGML 和中国各省区市 CGML 指数的相关系数 $\rho = 0.785$，说明工业全要素生产率增长与省区市全要素生产率增长也是高度正相关关系。

（5）资源环境对工业全要素生产率增长的门槛效应是存在的，资源环境约束代理变量无论是选择能源消费结构（coalE）还是工业污染治理投资占比（CY），作为转移变量时都能检验出对被解释变量的影响具有非线性特征，且转换函数的转换效果明显，本章使用 PSTR 模型的分析结果是稳健的。根据非线性效应分析结果，对位于高区制、低区制的工业企业区别对待，采用不同的能源结构升级政策、环境规制政策，刺激企业进行技术创新，可以从不同路径促使工业全要素生产率增长，从而带动中国各省区市的全要素生产率增长，打破资源诅咒，实现经济和环境双赢的"波特假说"。

第六章　资源环境约束下全要素生产率增长的国际比较分析

自改革开放以来，中国生产效率大大提高，取得了惊人的经济增长速度，究其背后的原因是大规模生产要素的重新配置、对外开放的加快促进了中国的技术进步。对此，克鲁格曼曾在其著作《萧条经济学的回归》一书中高度赞扬了中国经济的增长，同时也指出了存在的问题："亚洲取得了卓越的经济增长率，却没有与之相当的卓越的生产率增长。它的增长是资源投入的结果，而不是效率的提升。"

生产率增长的意义不言而喻，但是，中国经济的飞速发展在很大程度上依赖于对能源的过度消耗，自然资源利用效率较低、环境质量持续下降等问题正成为制约中国经济增长的"瓶颈"。随着中国经济呈现粗放型增长的态势愈演愈烈，能源消耗和污染排放问题日益突出，中国经济发展的环境污染代价与日俱增。《2009年中国经济环境核算报告》显示，2009年因环境退化和生态破坏带来的成本损失大约占当年国内生产总值（GDP）的3.8%，合计为13916.2亿元。而2010年中国用于环境污染治理的投资总额占当年国内生产总值（GDP）的

1.66%，合计为 6654.2 亿元，相比 2009 年的 4525.3 亿元增长了 47.04%。[①]

随着可持续发展思想的深入，中国政府把建设资源节约型社会和环境友好型社会作为一项基本国策，践行着和谐社会和科学发展观的理念。资源环境不仅是影响经济发展的内生变量，也是约束经济发展规模和经济发展速度的刚性指标。因此，在国内生产总值预期增长目标调低的大背景下，加入资源环境因素后对全要素生产率增长有无影响、增长源泉有无变化，与国际经济体对比，中国的全要素生产率增长差距有多大，具体体现在哪些方面，这些问题的探讨对中国实现资源节约、环境保护和经济增长双赢局面的可持续增长模式，具有重要的现实意义。

大批中文文献利用全要素生产率方法对中国经济增长绩效进行了较为全面的研究。李京文等测算得出中国 1978～1995 年生产率增长在经济增长中的贡献率为 36.23%。中国人民银行货币政策分析小组则在其《2001 年中国货币政策执行报告》中表示，自 1981 年以来，中国全要素生产率对经济增长的贡献率是 20%。易纲和樊纲等（2003）、郭庆旺（2005）、赵伟（2005）、包群和彭水军（2006）研究均表明，中国经济的快速增长主要依赖于要素投入增长，而不是依靠全要素生产率的提高。

---

① 国家环境保护总局、国家统计局 . https：//data. stats. gov. cn/eas/qvery. htm? cn = Col.

　　以上众多研究结论对于中国经济增长模式的探讨富有成效，然而，在资源环境日益成为经济增长硬性约束的背景下，如果不考虑资源和环境因素对生产效率的影响，是无法客观地反映经济体可持续发展水平的。

　　近年来，对中国经济进行实证研究时，一些文献已经尝试将环境因素纳入生产率的分析框架中来。把环境污染作为投入要素进行处理（Berg et al.，1992）和在方向性距离函数中将其定义为非期望产出是目前度量污染排放对经济绩效影响最常用的两种思路，因为后者更贴合实际生产过程而得到了广泛应用。郑京海和胡鞍钢（2005）估算了资源环境约束下的技术效率，但没有涉及生产率的增长。王兵（2008）、岳书敬（2009）、刘金全（2009）分别研究了不同经济体中环境约束与经济增长的关系；王志刚等（2006）考虑了资源环境因素与农业全要素生产率、工业全要素生产率增长的关系。方福前（2010）、潘丹和应瑞瑶（2013）用 ML 指数测算中国农业全要素生产率时发现，如果忽略资源环境的影响中国农业全要素生产率的增长会被高估；李胜文等（2010）选择了三种污染物，用因子综合法将它们构建成为一个综合的环境污染指标，估算中国的环境效率水平较低；屈小娥（2012）、郑丽琳和朱启贵（2013）等对各省区市的全要素生产率进行了再估算，发现基于资源环境约束因素下测算出的全要素生产率的增长水平较低。李占风和赵琼（2017）基于中国与经济合作与发展组织（OECD）国家的数据测算了资源环境约束下全要素生产率的变动特征，对其影响因素进行了初步探讨，得出环境因素在导致国际经济体之间的全要素生产率增长差异中也是有着重要影响的。栾全风（2017）用有序响应模型对资源环境约束下中国与经济合作与发展组织（OECD）国家全要素生产率的影响因素进行了实证分析。

在传统的全要素生产率核算基础上，加入资源环境约束将现有研究发展到新的水平，目前，这类研究尚处于起步阶段，尚待进一步发展。

梳理关于全要素生产率的相关中文文献发现，从研究对象来看，受到数据不可得、不可比等原因的限制，目前，采用国内的省际数据、地域数据、行业数据进行全要素生产率测算的研究较多，从国际经济体视角进行的研究则很少；从研究方法来看，基于指数法的全要素生产率测算目前用传统 M 指数法的较多，然而，考虑资源环境因素后算出的 ML 指数不具有可比性，以所有样本期做共同参考集而采用 GML 指数进行测算的研究更少；可见，针对资源环境约束下全要素生产率还有很多探索空间和研究空间。

本章尝试从以下三方面对已有研究进行扩展：一是将资源作为投入要素而将环境污染作为产出因素，纳入经济增长的分析中来；二是采用非径向、非角度的 SBM 方向性距离函数，对环境约束下中国的全要素生产率进行再测算；三是找出中国和经济合作与发展组织（OECD）国家全要素生产率增长的差距，探讨其影响因素，并对形成差距的原因进行详细分解。

第一节　中国与 OECD 国家全要素生产率的测算

一、研究方法

首先，本章从国际视角，利用数据包络分析法（DEA）和指数法对不同国家的全要素生产率进行测算，仍然采用前述章节提到的全局 DEA 模型，该方法先将采用样本内所有国家的数据构造一个全局前沿面；其次，利用构造的方向性距离函数，测算各个国家不同时期到全局前沿面的距离；最后，基于各国不同时期的距离计算出全要素生产率增长程度，记为 GML 指数，具体测算指标和原理见第二章第一节。

二、数据处理和指标选取

因为全要素生产率测算过程中相关指标的可比性、数据的可得性限制等，所以，本节选取 2001~2013 年经济合作与发展组织（OECD）的 19 个成员国，包括爱尔兰、爱沙尼亚、韩国、奥地利、芬兰、比利时、荷兰、丹麦、捷克、德国、葡萄牙、法国、美国、土耳其、挪威、日本、西班牙、意大利、英国，与中国进行比较研究。在测算过程中用到的投入变量有劳动、资本和能源三个要素，产出变量则考虑了非期望产出、期望产出。各指标的基础数据，来源于经济合作与发展组织（OECD）数据库①、WDI 数据库和国家统计局。

（1）劳动投入。劳动要素选用各国历年的就业人数表示。

（2）资本投入。资本存量无法获得直接数据，本节将利用永续盘存法进行估计，其计算过程为：

$$K_t = I_t + （1 - \delta）K_{t-1} \qquad (6 - 1)$$

在式（6 - 1）中，K_t 表示 t 期资本存量，I_t 表示 t 期投资额，δ 表示折旧率。当使用永续盘存法时，基期资本存量通过基期固定资本形成总额、投资平均增长率和折旧率来计算，②每年投资流量参考《OECD 资本度量手册（2009）》采用每年固定资本形成总额，不再构造投资价格指数而是采用 2005 年不变价美元数据，折旧率设定为 6%。③

（3）能源投入。因为各国间能源种类不同，利用方式也不同，所以，本节将采用石油当量初始能源使用量作为能源投入。

（4）期望产出。期望产出选用 2005 年不变价美元 GDP 衡量。

非期望产出因为数据可得性的限制，所以，非期望产出采用 CO_2 排放量。各国对应的各变量的描述性统计，见表 6 - 1。

---

① https：//stats. oecd. org/.

② 根据永续盘存法理论，基期资本存量计算时产生的误差会影响后续年份的估计，基期选择越早，这种影响越小。考虑数据可得性，这里采用 1995 年固定资本形成总额除以 1995～2013 年平均投资增长率与折旧率之和，计算得到 1995 年的资本存量，再算出 2001～2013 历年的资本存量。

③ 霍尔和琼斯（Hall and Jones，1999）研究了 127 个国家资本存量以及杨（Young，2003）在对中国非农资本存量进行估算时，均采用了 6%的折旧率。

表 6 - 1 各变量的描述性统计量

变量	单位	均值	标准差	中位数	最大值	最小值
资本	10 亿美元	4834.77	7773.46	1346.80	36247.60	17.14
就业人数	10 万人	583.97	1620.11	123.71	7670.40	5.67
初始能源	百万吨	325.02	625.10	79.21	2894.28	4.71
GDP	10 亿美元	1742.33	2888.38	610.95	14231.57	10.45
CO_2	百万吨	822.83	1692.42	186.00	8205.86	14.61

三、各国技术效率的比较分析

在全要素生产率是衡量包括资本、劳动、能源等所有要素投入产出效率的指标这一内涵框架下，DEA 模型中的技术效率可视为全要素生产率的静态水平值。本节采用 DEA 模型计算 2001～2012 年共 20 个国家的技术效率水平，只对这 20 个国家的加入资源环境因素后的技术效率的几何平均值进行分析，见表 6 - 2。

表 6 - 2 各国 2001～2012 年的技术效率几何平均值

效率值	19 个经济合作与发展组织（OECD）国家	中国
2001 年	0.7376	0.7016
2002 年	0.7369	0.6881
2003 年	0.7322	0.6754
2004 年	0.7379	0.6634
2005 年	0.7419	0.6588
2006 年	0.7505	0.6617
2007 年	0.7582	0.6720

续表

效率值	19 个经济合作与发展组织（OECD）国家	中国
2008 年	0.7478	0.6610
2009 年	0.7206	0.6375
2010 年	0.7244	0.6231
2011 年	0.7462	0.6055
2012 年	0.7435	0.5840

根据 DEA 模型中效率评估指标的定义，效率值在 0 ~ 1 区间，值越大，效率越高，意味着较少的输入可以产生更多输出。为便于比较中国和 19 个经济合作与发展组织（OECD）国家的技术效率的几何平均水平，将表 6 – 2 绘制成图 6 – 1。

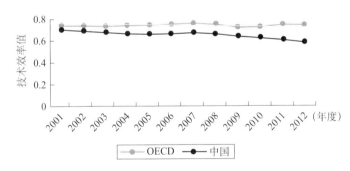

图 6 – 1 2001 ~ 2012 年中国和经济合作与发展组织（OECD）国家的技术效率几何平均值对比

从技术效率值的绝对大小来看，中国的技术效率一直低于 19 个经济合作与发展组织（OECD）国家的平均值。这说明，在经济发展中，中国的生产组织形式、管理创新、优化产业结构和资源配置等直接提升生产效率方面仍有很大的提升空间。

四、各国全要素生产率增长的比较分析

为了全面比较全要素生产率在国家之间的差异性、在离散时间上的动态变化及其变化源泉，本节利用 MaxDEA 软件测算了 2001～2013 年共 20 个国家的 GM 指数和 GML 指数。其中，GM 指数是不考虑能源投入和非期望产出时，采用同一个生产参考集得到的 Malmquist 指数。GML 指数是在 GM 指数的基础上，考虑了能源投入和非期望产出的全要素生产率数值。EC 指数、TC 指数分别表示效率变化和技术变化两个分解成分。

（一）GM 指数、GML 指数比较分析

每个国家每两年便有一个对应的指数，本节仅对其平均数据进行比较分析。测算结果，见表 6－3。

表 6－3　　　　　GM 指数、GML 指数对比

国家	考虑资源环境约束			不考虑资源环境约束		
	GML	EC	TC	GM	EC	TC
爱尔兰	1.0091	1.0018	1.0072	1.0139	1.0053	1.0086
爱沙尼亚	0.9574	0.9730	0.9840	0.9131	0.9264	0.9856
奥地利	1.0077	0.9998	1.0079	1.0060	1.0063	0.9997
比利时	0.9968	1.0155	0.9816	1.0034	1.0096	0.9938
丹麦	1.0031	1.0000	1.0031	1.0026	0.9932	1.0094
德国	1.0130	1.0154	0.9976	1.0099	1.0124	0.9975
法国	0.9976	1.0094	0.9883	1.0002	1.0054	0.9948

续表

国家	考虑资源环境约束			不考虑资源环境约束		
	GML	EC	TC	GM	EC	TC
芬兰	0.9821	1.0025	0.9797	0.9994	1.0075	0.9920
韩国	1.0201	1.0379	0.9828	1.0197	1.0275	0.9924
荷兰	0.9985	1.0100	0.9886	1.0013	1.0058	0.9955
捷克	1.0059	1.0227	0.9835	1.0153	1.0265	0.9891
美国	1.0002	1.0153	0.9851	1.0074	1.0143	0.9932
挪威	1.0000	1.0000	1.0000	0.9922	1.0000	0.9922
葡萄牙	1.0074	1.0057	1.0017	1.0079	1.0072	1.0007
日本	1.0115	0.9937	1.0178	1.0160	1.0124	1.0035
土耳其	0.9994	1.0132	0.9864	1.0046	1.0642	0.9440
西班牙	1.0009	1.0006	1.0003	1.0020	1.0024	0.9996
意大利	1.0005	0.9929	1.0077	0.9989	0.9978	1.0010
英国	1.0044	1.0069	0.9975	1.0104	1.0199	0.9907
中国	0.9835	0.9997	0.9837	0.9916	1.0048	0.9868

资料来源：数据运用 MaxDEA6.18 软件输出而得。

将表6-3中的 GM 指数和 GML 指数画成折线图进行对比，见图6-2。可以发现以下三点。

第一，不考虑资源因素和环境因素时，各个国家的 GM 指数基本上都比考虑资源和环境因素时的 GML 指数要大，说明不考虑资源环境约束将会高估全要素生产率增长。只有爱沙尼亚、丹麦、德国、挪威和意大利的 GM 指数小于 GML 指数，其可能的原因是，爱沙尼亚和德国的二氧化碳排放量和能源增长虽然呈负增长，但它们的 GDP 呈正增长态势，导致生产率没有被资源环境因素拉低；意大利的能源投入处于负增长率阶段，且程度高于其二氧化碳排放的正增长；而中国在 GDP 处于 7.7% ~14.2% 快速增长的情况下，近年来二氧化碳排放和能源投入年增长率都从 21 世纪初的 15% 降至 3% ~7%。这说明，在测算全要素生产率增长，考虑资源环境因素是很有必要的。

第二，GML 指数小于 1 的国家有爱沙尼亚、比利时、法国、芬兰、荷兰、土耳其、中国，说明这 7 个国家的全要素生产率增长处于下降状态，即平均生产率降低，而其余 13 个国家 GML 指数均大于 1，说明其平均生产率提高，列出具体分布，见图 6 - 2。

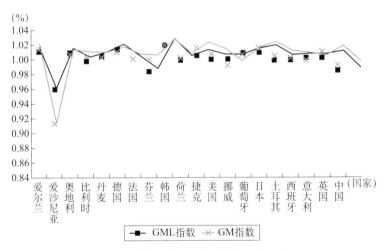

图 6 - 2 各国的 GML 指数和 GM 指数对比

第三，从时间上来看，根据是否考虑资源环境约束两种情形测算全要素生产率增长时，得到的 GM 指数和 GML 指数随时间演变的趋势，见图 6 - 3。

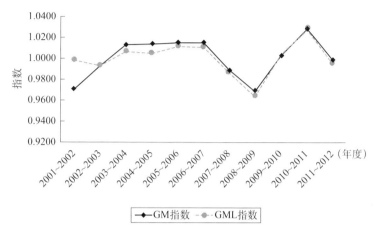

图6-3 有资源环境约束下、无资源环境约束下全要素
生产率增长随时间演变趋势的对比

可以明显看出，在样本期内，首先，除了2001～2002年
GML指数大于GM指数之外，其他所有年份都比GM指数要
小，结果再一次印证了，在考虑资源环境约束后，不仅从决策
单元截面的角度，全要素生产率增长比不考虑的情形要低，而
且，从时间维度上来看，也是如此。从而，在测算全要素生产
率增长时，资源环境因素必不可少。其次，GM指数和GML指
数的差距与全球经济形势密切相关。经济相对稳定时，GM指
数与GML指数的差距很小且都维持在1.0000左右小幅波动。
如2002～2007年，说明在经济平稳发展时，各个国家重视投
入产出效率、能源利用效率以及环境污染的治理；而在2007～
2008年和2008～2009年，全球经济危机时，GM指数与GML
指数大幅降低的同时，两者回升时波动幅度有所加大，说明当
经济不景气时各个国家更容易追求经济增长而忽略经济增长

质量。

（二）GML 指数的时间演变趋势的国际比较

在表 6 - 4 中，列举了将其他经济合作与发展组织（OECD）国家看成一个经济体后与中国 GML 指数的对比及其分解情况。

表 6 - 4　中国和经济合作与发展组织（OECD）国家考虑
资源环境约束后的全要素生产率增长对比

年度	19 个经济合作与发展组织（OECD）国家			中国		
	GML	EC	TC	GML	EC	TC
2001 ~ 2002	0.9991	0.9991	1.0000	0.9807	1.0331	0.9493
2002 ~ 2003	0.9936	1.0165	0.9774	0.9816	1.0270	0.9558
2003 ~ 2004	1.0078	0.9932	1.0147	0.9822	0.9782	1.0041
2004 ~ 2005	1.0054	1.0001	1.0053	0.9931	0.9772	1.0162
2005 ~ 2006	1.0116	1.0170	0.9947	1.0044	1.0096	0.9948
2006 ~ 2007	1.0102	1.0130	0.9972	1.0156	1.0374	0.9790
2007 ~ 2008	0.9863	1.0204	0.9666	0.9837	1.0247	0.9600
2008 ~ 2009	0.9636	1.0024	0.9613	0.9643	1.0367	0.9302
2009 ~ 2010	1.0053	1.0149	0.9905	0.9774	0.9381	1.0419
2010 ~ 2011	1.0301	0.9887	1.0419	0.9718	0.9497	1.0232
2011 ~ 2012	0.9964	1.0017	0.9947	0.9644	0.9914	0.9728

资料来源：数据运用 MaxDEA6. 18 软件输出结果整理而得。

在这种情形下，中国的 GML 指数也只有 2005 ~ 2007 年大于 1.0000，即全要素生产率增长处于上升期，生产率提升较快。将其中的 GML 指数做成折线图对比，分析中国和其他经济合作与发展组织（OECD）国家的平均 GML 指数随时间演变的趋势，见图 6 - 4。可以明显看到，除了 2006 ~ 2009 年之外，经济合作与发展组织（OECD）国家全要素生产率的整体水平始终高于中国，这与当时全球爆发的经济危机是有关系的，经济危机对经济

合作与发展组织（OECD）国家的经济增长速度呈现的负面影响
比对中国要大。但是，2009 年以后，与其他经济合作与发展组
织（OECD）国家进行对比，中国的全要素生产率增长明显缓慢
一些甚至出现走低。这说明，中国与样本中其他经济合作与发展
组织（OECD）国家的全要素生产率增长差距较大。

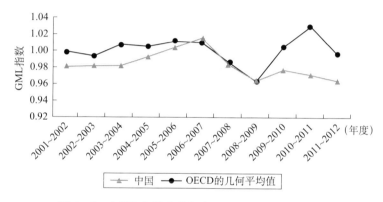

图 6 - 4   中国和经济合作与发展组织（OECD）国家
GML 指数随时间的演变趋势比较

在样本期内，随着时间推移，中国 GML 指数的几何平均值
与其他经济合作与发展组织（OECD）成员国的平均 GML 指数
的演变趋势大体一致。在 2001 ~ 2007 年处于缓慢上升期，然后
下降，走势几乎一样，2009 年跌至最低点后，再上升，但中国
的 GML 指数上升乏力，不如经济合作与发展组织（OECD）成
员国的上升幅度大。从 2009 年以后，全要素生产率大幅提高表
明，此时全球经济不景气有所缓解，但是，中国的 GML 指数一
直没超过 1.00，这意味着，中国全要素生产率增长放缓，全要
素生产率依然处于效率不足的状态。

（三）GML 指数分解

按照第二章测算全要素生产率部分的理论方法，将中国和经济合作与发展组织（OECD）国家的 GML 指数进行分解，从其分解后的具体成分来探索全要素生产率的增长来源，见图 6 - 5。

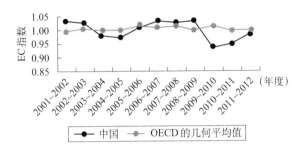

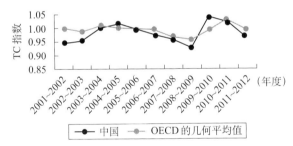

图 6 - 5　效率变化指数和技术变化指数随时间的变化趋势

对比后发现，技术变化水平和效率变化水平在资源环境约束下均有所下降，其中，后者下降的水平更为严重。其可能的原因是，没有资源环境约束的条件下效率变化水平会被高估，虽然能源的累计投入在一定程度上促进了经济增长，但其带来的环境污染无论是从治理成本还是从处理技术上来看，都会降低效率变化水平，影响经济的长期可持续发展。这同时也说明，经济快速发展过程中，资源环境因素的约束处于重要地位。

技术变化指数 TC 随时间的变动趋势几乎与 GML 指数一致，而技术效率指数 EC 随时间的变动趋势与 GML 指数相差甚远，但 EC 指数和 TC 指数的变化曲线呈现一个共同特点，就是在 2009 年发生了较大转折，跌至最低点，两者的合力也使 GML 指数在此期间降到最低，这与 2008 年发生的全球性经济下滑的大环境是吻合的。

具体到每个国家来看，大部分国家的 EC 指数都是大于 1 的，如图 6 - 6 所示，而 TC 指数则大部分都小于 1。值得注意的是，韩国的 EC 指数、日本的 TC 指数在样本期内远远高出其他国家，说明在韩国的全要素生产率增长中，技术效率是主导力量，而日本则是靠技术进步推动全要素生产率增长。

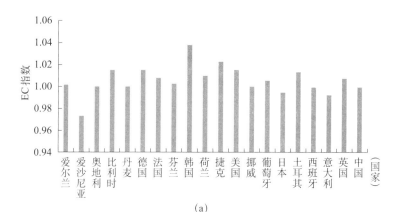

(a)

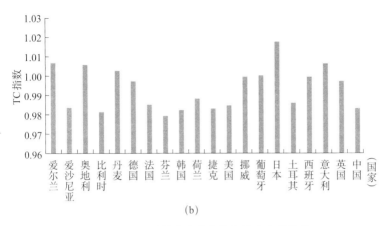

(b)

图 6 - 6 各国的效率变化指数和技术变化指数

将 GML 指数、EC 指数和 TC 指数放到一起作图，更能看出各国全要素生产率增长的主要源泉，见图 6 - 7。

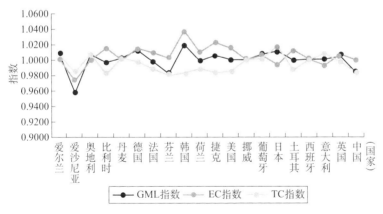

图 6 - 7 各国全要素生产率增长及其源泉分解

从各国的全要素生产率增长及其构成成分来看，GML 指数和 EC 指数的变化趋势较为吻合，而 TC 指数变化与之相差较远，这从另一方面说明，虽然 GML 指数主要受到技术效率的影响，但具体到各国也有对应的个体差异。其中，爱尔兰、奥地利、丹麦、挪威、葡萄牙、西班牙 6 个国家，GML 指数、EC 指数和 TC 指数三者非常接近，也就意味着，这些国家的全要素生产率增长是由技术效率和技术变化作用比较均衡的情况下来推动的。而其他国家这三个指数差异较大，因此，会有所偏向，在剩余 14 个国家中，大部分都是 EC 指数最大，GML 指数居中，TC 指数最小，技术效率和技术变化对全要素生产率的作用重心更偏向于技术效率。

进一步，根据规模报酬可变和不可变，还可以将效率变化和技术变化细分为规模效率变化（SEC）、纯效率变化（PEC）、规模技术变化（STC）和纯技术变化（PTC）四个成分。

表 6-5 显示了 20 个国家 GML、PEC、SEC、PTC、STC 在 2001~2012 年的几何平均值。

表 6-5 2001~2012 年 20 个国家 GML 指数的变动及其分解

国家	GML	PEC	SEC	PTC	STC
爱尔兰	1.0091	1.0000	1.0018	1.0055	1.0017
爱沙尼亚	0.9574	1.0000	0.9730	0.9961	0.9878
奥地利	1.0077	0.9961	1.0037	1.0130	0.9949
比利时	0.9968	1.0046	1.0108	0.9966	0.9849
丹麦	1.0031	1.0000	1.0000	1.0031	1.0000
德国	1.0130	0.9962	1.0193	1.0148	0.9831
法国	0.9976	1.0000	1.0094	1.0024	0.9859
芬兰	0.9821	1.0050	0.9975	0.9770	1.0028
韩国	1.0201	1.0303	1.0073	0.9922	0.9905

国家	GML	PEC	SEC	PTC	STC
荷兰	0.9985	0.9996	1.0105	1.0040	0.9846
捷克	1.0059	1.0241	0.9986	0.9818	1.0018
美国	1.0002	1.0000	1.0153	1.0000	0.9851
挪威	1.0000	1.0000	1.0000	1.0000	1.0000
葡萄牙	1.0074	1.0069	0.9988	1.0002	1.0015
日本	1.0115	1.0000	0.9937	1.0092	1.0086
土耳其	0.9994	1.0100	1.0032	0.9917	0.9946
西班牙	1.0009	0.9943	1.0063	1.0149	0.9856
意大利	1.0005	0.9910	1.0020	1.0065	1.0011
英国	1.0044	1.0000	1.0069	0.9992	0.9983
中国	0.9835	1.0039	0.9958	0.9921	0.9916
平均值	0.9999	1.0031	1.0027	1.0000	0.9942

资料来源：数据运用 MaxDEA6.18 软件输出而得。

从表 6 - 5 中可以看出以下四点。

（1）在考虑能源投入和非期望产出时，只有爱沙尼亚、芬兰和中国的 GML 指数远低于平均值，爱尔兰、奥地利、丹麦、德国、韩国、捷克、美国、挪威、葡萄牙、日本、西班牙、意大利和英国则都大于等于 1.0000，平均生产率在样本期内是上升的，并且，环境与经济发展协调性较好，而其他国家的全要素生产率均出现了不同程度的负增长。

结合投入产出指标的原始数据来看，在爱尔兰、英国和德国的 GDP 为正向增长的情况下，二氧化碳排放量和初始能源使用量的年增长率都为负；奥地利则在资本存量增长率较低的同时，维持了二氧化碳的负向增长和 GDP 的正向增长；日本在能源投入和资本存量都为负增长的情况下，GDP 仍然保持正增长；而韩国虽然在二氧化碳排放和能源投入上呈现正增长，但其资本投入增长较少且GDP增幅明显。这些数据说明，各国间经济综合效率与环境资源的差异，不仅表现在GDP产出效率方面，也表现在能源消耗和污染排放方面。

（2）2001～2013年，中国全要素生产率降低了1.65%，其中，纯技术进步降低了0.79%，纯效率增长了0.39%，规模技术降低了0.84%，规模效率降低了0.42%，技术进步、纯效率变化和规模技术的负增长都抑制了全要素生产率的发展。这表明，在经济增长的同时，全要素生产率并未增长，经济的发展仍来源于能源消耗和资本等要素投入的推动，环境技术的低效率增长没有被重视，即呈现高能耗、高污染、低效率的粗放增长模式。

（3）为进一步比较国家间的全要素生产率增长差异来源，将GML指数的分解因子技术变化和效率变化进一步分解为规模变化和纯变动两部分，见图6-8。可以发现，规模效率变化水平和纯效率变化水平的差异相对较小，规模技术和技术变化水平的差异相对较大，使国家间全要素生产率增长差异明显，而全要素生产率变化与技术进步变化基本协同。这说明，各国的经济发展水平并不能完全决定全要素生产率的增长水平，反而，技术进步可以促进一国全要素生产率的增长和经济的协调发展。

（4）在20个国家中，纯效率变化指数大于1.0000且明显高于其他国家的为韩国和捷克，而规模效率变化指数大于1.0000且明显优于其他国家的只有德国和美国，纯技术变化和

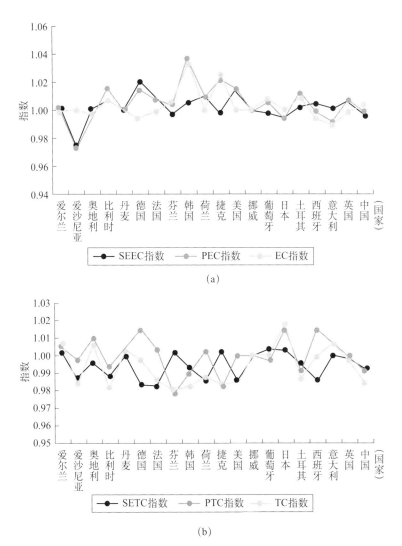

图 6 - 8 技术效率变化和技术进步变化的分解

规模技术变化同时大于 1. 0000 且异军突起的只有日本，这与其研发大国的地位相符。总之，一方面，这些国家分别为纯技术效率、规模技术效率、技术进步树立了典型的领军者形象；另一方面，也说明资本、能源等投入要素的积累，并不总是会导致技术效率、技术进步的上升，还可能带来环境压力，制约全要素生产率增长。同时可以发现，仅有 7 个国家的规模技术变化大于等于 1.0000，说明中国和经济合作与发展组织（OECD）国家现有技术如果与要素投入合理配置仍有提高空间，可以成为推动全要素生产率增长的潜在动力。

第二节 资源环境约束下全要素生产率增长影响因素的国际比较

一、数据处理和指标选取

在第一章对全要素生产率增长理论做综述的基础上，将全要素生产率增长所涉及的相关因素，分为内、外两方面。结合本章第一节已测算出的 GML 指数，考虑数据的可得性及可比性，分析影响全要素生产率增长的因素时选择以下变量进行分析。

自身因素选取的指标有以下四个。

（1）经济发展水平。以 2005 年不变价美元人均 GDP 表示，对人均 GDP 取对数后记为 lnPGDP。

（2）结构因素。投入结构以资本 - 劳动比表示，指标记为

KL；产业结构以工业增加值占 GDP 的百分比表示，指标记为 IND；能源结构以清洁能源占能源使用总量的百分比表示，指标记为 REN。

（3）资源环境因素。资源因素以每千美元产值的能源使用量表示，指标记为 ENE；环境因素以人均 CO_2 排放量表示，指标记为 ENV。

（4）科技因素。以 R&D 经费占 GDP 百分比表示，指标记为 RD。

涉外因素选取的指标有以下三个。

（1）外贸依存度。以货物和服务进出口总额占 GDP 的百分比表示，指标记为 FTD。

（2）贸易结构。以各国的 ICT 产品出口贸易表示，指标记为 ICT。

（3）外资因素。以外商直接投资净流入占 GDP 的百分比表示，指标记为 FDI。以上各指标的描述性统计，见表 6-6。

表 6-6　各国全要素生产率增长影响因素指标的描述性统计

变量名	均值	标准差	最小值	最大值	观测数
GML	1.0024	0.0205	0.8954	1.0634	198
InPGDP	3.2971	0.8060	0.2730	4.2355	198
KL	2.7969	0.8354	0.6082	3.4962	198
IND	29.6978	6.8474	20.1506	47.3974	198
REN	11.9488	9.0649	0.6391	44.6872	198
ENE	0.1381	0.0445	0.0760	0.2820	198
ENV	8.8164	3.2052	2.7700	19.3900	198

变量名	均值	标准差	最小值	最大值	观测数
RD	1. 9675	0. 8359	0. 4831	4. 0255	198
FTD	80. 2712	39. 0276	21. 1639	197. 2177	198
ICT	10. 9575	5. 4966	3. 1000	33. 0600	198
FDI	42. 8526	39. 1137	1. 9629	204. 4176	198

二、计量模型的构建

本章第一节的全要素生产率增长测算结果表明，在截面上，各国家的 GML 指数差异明显；在时间上，各国家的 GML 指数随时间不断变化。那么，影响各国全要素生产率的因素是什么，不同影响因素对全要素生产率的影响效应如何？本节使用面板离散选择模型，并以本节前面所得到的 GML 值为被解释变量，分析 2001～2013 年影响各国全要素生产率的因素，进而探索全要素生产率的差距源泉，为制定推动中国经济可持续发展的政策提供参考。

考虑到计算而得的 GML 指数集中于 1. 0000 附近，方差较小，但实际上国家之间的经济差异化更大，直接使用其数值构建面板回归模型会产生回归系数不显著，以及参数无法准确反映经济现象的问题。基于此，本节将对各国的 GML 指数进行聚类分析，由低到高分别记为等级 0、等级 1，将其转化成二值数据后作为被解释量，解释变量则包含经济发展水平、产业结构、要素结构、资源因素、环境因素、科技因素、外资因素，采用面板 Logit 模型分析各因素如何在资源环境约束下影响全要素生产率。涉及的变量基础数据来自万得（WIND）数据库、经济合作与发展组织（OECD）数据库和 UNctadstat 数据库。

对于面板数据，如果被解释变量为取值为 0 和 1 的虚拟变量，那么，称其为面板二值选择模型，通常假定一个隐变量 y_{it}^* 与解释变量呈线性关系建立模型，其一般形式为：

$$y_{it}^* = X'_{it}\beta + u_i + \varepsilon_{it} \quad (i = 1, \cdots, n; \ t = 1, \cdots, T)$$

$$(6-2)$$

被解释变量 y_{it} 根据隐变量 y_{it}^* 的不同情形存在两种选择，满足：

$$y_{it} = \begin{cases} 1 & \text{如果 } y_{it}^* > 0 \\ 0 & \text{如果 } y_{it}^* \leqslant 0 \end{cases} \quad (6-3)$$

在式（6-2）中，X_{it} 中不包含截距项，u_i 表示个体效应，ε_{it} 服从逻辑分布则为 Logit 模型。由于非线性面板不便使用 GLS，系数一般用极大似然估计得到。

三、实证结果的比较分析

借助 Stata14.0 软件，对 2001～2013 年资源环境约束下全要素生产率的影响因素分别进行混合 Logit 回归、面板固定效应 Logit 回归和面板随机效应 Logit 回归。在混合回归和固定效应选取中，由于 F 检验的 P 值为 0.0626，拒绝"不存在个体效应"，应该用固定效应估计。而对于混合回归和随机效应，因为 LM 检验的结果 P 值为 1.0000，对随机效应进行 MLE 估计，

LR 检验的 P 值也为 1.0000，说明接受"无随机效应"的原假设，所以，最终选择固定效应 Logit 回归，结果见表 6 – 7。

表 6 – 7   Logit 模型回归结果

解释变量	系数	概率比	解释变量	系数	概率比
lnPGDP	− 7.959 *** (− 4.22)	0.0003	RD	0.364 (0.94)	1.4389
KL	6.076 *** (4.39)	435.421	FTD	0.013 (0.94)	1.0131
IND	− 0.028 (− 0.39)	0.9721	ICT	0.215 * (2.43)	1.2402
REN	0.166 ** (3.03)	1.1810	FDI	− 0.008 (0.74)	0.9920
ENE	− 4.246 *** (3.35)	0.0000	常数项	9.548 ** (1.35)	
ENV	0.273 ** (2.62)	1.3137			
模型选择检验	P 值				
F 检验	0.0626				
LM 检验	1				
LR 检验	1				

注：括号内为 z 检验值，*、**、*** 分别表示在 10%、5%、1% 水平下显著。

值得注意的是，Logit 模型是非线性模型，因此，边际效应通常随着解释变量而变，回归系数常常不能解释经济意义，但是，可以分析概率比，两者的显著性是相同的。根据检验结果可知，清洁能源在能源使用总量中的占比 REN 和每千美元产值的能源使用量 ENV 的概率比分别为 1.181 和 1.314，两者都在 1% 的显著性水平上显著。这意味着，清洁能源占比、每千美元产值的能源使用量每提高 1.00%，GML 指数将会提高 1.18% 和 1.31%，这说明能源对全要素生产率增长的正向影响。

根据表 6 – 7 可以看出，经济发展水平 lnPGDP、投入结构 KL、能源结构 REN、资源因素 ENE、环境因素 ENV、贸易结构 ICT 对全要素生产率影响显著，产业结构 IND、科技因素 RD、外贸依存度 FTD、外资因素 FDI 对全要素生产率影响不显著，且各解释变量的作用方向具有一定经济学意义。

人均 GDP 的对数对 GML 指数评级产生显著的负向作用。在追求经济高速增长阶段，通常会出现生产要素使用粗放、污染增加快以及资源消耗加大等问题，因此，全要素生产率与人均 GDP 呈负向发展；当经济发展处于稳定阶段之后，能源利用效率和环境污染防治被重视，使全要素生产率在人均 GDP 增长的同时也得到提高。

资本劳动比的对数与 GML 指数显著相关，呈正向作用。在经济发展进程中，产业结构不断变化，劳均资本的增加促进工业与服务业的快速发展，该过程使发展初期的经济效率得以提升。

工业增加值占 GDP 百分比的对数与 GML 指数呈负向作用，但统计意义上不显著，说明样本期内产业结构对全要素生产率的增长尚不明确。这主要是因为在工业化发展初期，经济可以通过第二产业的增长来拉动，能源和环境产生的问题显现并不突出。但第二产业具有高能耗、高污染、资本和资源要素密集的特征，如果产业结构不随着发展进程调整优化，工业化进程中带来的环境污染和能源供需的问题必将制约全要素生产率的长期提升。

清洁能源使用占比对全要素生产率呈现明显的正向作用，清洁能源在能源消耗总量中的占比是体现能源结构的一个重要指标。这说明，优化能源结构，使用清洁环保技术进行生产、建立人们清洁能源的消费意识，有助于全要素生产率的增长。而单位产值的能耗量对全要素生产率的变化呈显著的负向影响，也说明了同样的结论，能源作为经济增长的重要投入，单位产值能源使用量的减少表明能源使用效率的提高，因此，提升能源利用率和优化能源结构都对全要素生产率有显著的提升作用。人均二氧化碳排放量对全要素生产率变化的影响为正，但不显著。人均二氧化碳排放量的减少意味着，新型清洁能源对煤电的替代不仅可以缓解能源供应紧张，还能减少温室气体的排放。由此可见，开发替代煤电的清洁新能源，改良生产技术，提高现有能源使用效率，都可以有效地促进资源环境约束下全要素生产率的提高。

R&D 经费比值对于全要素生产率存在不显著的正向影响，研发是代表一个国家最直接技术进步水平的指标，研发投入是国家科技实力逐渐加强的基础。一方面，研发成果应用于生产领域，可以直接带来企业生产技术效率的提升，使给定投入要素时的产出效率更高，特别是应用于环保领域的技术则为能源充分使用和环境污染控制提供强有力的支撑；另一方面，研发投入的加大能增强企业在已有信息和技术的基础上进行自主研发和技术创新的动力，从而推动技术进步。

货物和服务进出口总额占 GDP 的百分比与 GML 指数正相关，但并不显著。从长远来看，对外开放水平的提高并不能使全要素生产率持续提高。这可能与国际分工和国家出口结构有关，这一结论也可通过对数 ICT 产品的出口贸易比值对于全要素生产率的影响来印证。在按照比较优势进行国际分工的国际贸易市场中，技术进步的国家对产品更高的标准与要求会迫使出口企业提高生产技术，从而提高企业效率；而技术相对匮乏的国家则主要出口劳动密集型产品、低技术密集型产品，这类产品往往污染排放高、能耗高，因此，污染和能源消耗付出的代价大于其带来的经济价值，从总体上来看，拉低了全要素生产率的增长。

外商直接投资净流入占 GDP 百分比的对数对全要素生产率变化有负向作用，但不显著。外商直接投资对生产率的影响表现在环境污染和技术溢出两方面，外商直接投资的流入可以为东道国带来先进的管理经验、生产技术等，在国际市场竞争中获利，同时，国外企业的进入也会消耗东道国大量资源，加大治理环境污染的成本。因此，当外商直接投资的技术溢出不能抵消其带来的资源浪费和环境污染效应时，外商直接投资反而会为全要素生产率的发展带来负向效应。

因此，引起国家之间的全要素生产率差异的因素来源与影响方向，与国内并不完全相同，从总体上来说，通过降低能耗，减少污染排放，改善技术效率，提升技术进步是经济体长期增长的必然路径。

第三节　本章小结

本章通过测算 2001～2012 年包含中国在内的 20 个国家的考虑了资源和环境因素的全要素生产率增长（GML 指数）及其分解成分，并选取了其中的 19 个国家的 GML 指数对其影响因素进行实证分析，发现三个问题：一是全要素生产率增长在资源环境约束条件下普遍低于无资源环境约束条件下的测算，因此，资源环境约束对各国的全要素生产率增长是有影响的，不能忽视；二是从国家之间全要素生产率增长及其分解因子比较发现，规模效率变化水平和纯效率变化水平差异较小，但规模技术水平和技术变化水平间的差异较大，且技术变化与全要素生产率增长的变动趋势基本一致；三是不同因素影响全要素生产率增长的方向及大小有一定差别，其中，经济发展水平、投入结构、能源结构、资源因素、环境因素、贸易结构六个方面的指标对全要素生产率增长都有显著影响。

基于以上结论，本章从经济健康可持续发展的角度就如何协调资源节约、环境保护和全要素生产率增长的关系，从而提升中国经济增长质量，给出以下三点政策建议。一是重视资源投入和环境污染在经济发展中的地位。目前，中国正在工业化和城市化进程加快阶段，既要保证中速经济增长，又要有刚性的能源需求，同时，要兼顾低能耗、低污染转型的要求，重新衡量资源环境约束下的社会效率和经济绩效，重视能源的充分、有效利用和环境污染改善问题，有助于工业新型化转型升级。二是优化投入结构和能源结构，提高资本利用率和能源利用率。实现经济发展和资源环境改善的协调发展，不仅要调整要素投入结构和能源消费结构，更要从技术创新入手，提高现有能源利用效率，同时，开发清洁能源，彻底摒弃重经济增长、轻环境保护的思想，实现绿色经济发展。三是重视国际贸易结构优化，对于引进资本和对外贸易对经济的作用需要理性看待。首先，需要通过税收和政策干预出口产品的结构调整，减少高污染、高能耗、生产技术含量低的产品，积极推动知识密集型产品的出口。其次，对于外资引入的选择需要进行筛选，同样限制高能耗、高污染的外资企业准入标准，倡导和吸引更多高技术含量和高附加值的产业，加大合作交流力度，使其带动国内企业技术的发展。

第七章 结论和展望

  本书梳理了全要素生产率与古典经济增长理论、现代经济增长理论、新经济增长理论以及资源环境约束下的经济增长理论的关系后,明确了全要素生产率的内涵,根据已有文献研究,总结了全要素生产率增长的影响因素相关理论,对比了测度方法的优劣,在此基础上,对资源环境约束下中国全要素生产率增长及其影响要素进行了实证研究。

  构建环境生产技术集将资源和环境因素纳入研究框架,样本期内所有各期的总和为参考集,利用方向性距离函数和 ML 指数结合的方法,测算了 2004~2017 年中国各省区市及其工业 GML 指数,还测算了 2001~2012 年中国和 19 个经济合作与发展组织(OECD)国家的 GML 指数,对中国的全要素生产率增长从不同层面、不同视角分静态和动态两个方面,探讨了全要素生产率增长的变化规律、增长源泉和产生差异的原因,对各个影响因素的影响效应进行了实证研究。

一、研究结论

(一) 中国全要素生产率静态特征

利用全局技术效率值分析了全要素生产率静态特征，结果表明，中国东中西部三大区域的技术效率水平有明显差异。东部 11 个省市的平均技术效率值最高，北京市和上海市在考察期内始终处于全国技术效率的前沿，东部的广东省和天津市的技术效率也较高。这说明，东部沿海省市能够在经济发展中，更好地实现组织管理创新和资源优化配置。中部地区 8 个省市的平均技术效率在东中西部三大区域中相对较高，西部地区 11 个省区市平均技术效率在三大区域中是最低的，说明西部地区在提高自身技术效率方面仍然任重道远。

从时间演变趋势来看，中国的 30 个省区市划分为东中西部三大区域后，对应的全局技术效率值有比较明显的阶段特征。在 2004～2008 年，只有东部地区的全局技术效率值随时间的推移有过缓慢上升，中部地区一直下降，而西部地区出现了轻微波动；在 2008～2017 年，东部地区的全局技术效率值走势平稳，中部地区从 2010 年的 0.7 下降到 2012 年后平稳，西部地区则一直处于下降态势。

就东中西部三大区域省际平均技术效率的时间演变趋势来比较，2004～2006 年，中部地区技术效率高于东部地区，而 2007 年以后，东部地区一直高于中部地区，并且，两者差距逐渐拉大，甚至在 2009 年以后，中部地区的平均技术效率低于全国平均水平，而西部地区的技术效率在整个样本期一直排位最后，并且，低于全国平均水平。

从技术效率变化的构成来看，多数东部地区的省市都是靠纯技术效率来提高其技术效率的，而中西部地区技术效率的提高更依赖于规模效率。东中西部三大区域技术效率提高的源泉有着明显差异。

（二）中国全要素生产率增长的动态特征

利用全局 ML 指数分析了中国各省区市的全要素生产率增长，并对有资源环境约束、无资源环境约束的中国各省区市 GM 指数和 GML 指数及其分解结果进行了对比，有以下四点结论。

（1）资源环境约束对生产率的影响。考虑了能源投入和非期望产出的 GML 指数普遍不超过 GM 指数，说明当不考虑资源环境约束时全要素生产率增长水平会被高估，社会福利变化和经济绩效的评价是有偏差的，从而会误导政策建议，因此，要将资源环境引入生产率研究框架中。

（2）从分区域来看，东中西部区域的全要素生产率增长差异显著，其中，东部地区和西部地区的平均生产率提高，而中部地区的平均生产率降低。

（3）从全要素生产率增长来源来看，只有西部地区的技术效率指数大于技术进步指数，说明技术进步是东部地区和中部地区平均全要素生产率增长的主要动力，技术效率次之。从全

国范围来看，技术变化指数 TC 随时间的变动趋势几乎与 GML
指数一致，而技术效率指数 EC 随时间的变动趋势与 GML 指数
相去甚远，说明技术进步主导了中国全要素生产率增长，是其
主要来源。

（4）从时间趋势上来看，2004~2017 年，东、中、西部
三大区域的全要素生产率变化呈现共同的阶段性特征。只有
2005~2008 年以及 2015~2017 年的 GML 指数大于 1，即全国
平均生产率处于提高状态，而其余年份全国平均生产率有所下
降。与前述分东中西部三大区域讨论的随时间变化趋势大体保持
一致，这与全球的经济环境以及中国出台实施的环境政策是密不
可分的。污染排放的动态变化与东中西部三大区域的全要素生产
率波动大体一致的现象进一步表明，非期望产出在全要素生产率
的测算中不容忽视。

（三）中国的 30 个省区市和三大区域的全要素生产率的收敛性检验

第三章对收敛假说和机制进行了介绍，对分析收敛性的方
法分类做了说明，将空间因素考虑进来，利用空间面板模型分
别对中国的 30 个省区市和东中西部三大区域的全要素生产率
进行了收敛性检验。得出以下三个结论。

（1）资源环境约束下全国和中部省的全要素生产率增长具
有 σ 收敛趋势；而东部省市和西部省区市的全要素生产率增长
没有呈现 σ 收敛趋势。

（2）从绝对 β 收敛检验和结果来看，全国、东部地区、中

部地区的全要素生产率增长都存在绝对 β 收敛，增长差距在逐步缩小，收敛速度分别为 1.36%、0.9%、1.18%。而西部地区不存在绝对 β 收敛，增长差距仍然存在，西部地区三大区域各省区市之间的发展不均衡。

（3）从条件 β 收敛检验和结果来看，全国样本存在条件 β 收敛，收敛速度为 5.32%，东中西部三大区域也存在条件 β 收敛，在控制变量决定的经济环境差异下，东中西部三大区域的全要素生产率增长以不同的收敛速度逐步收敛到各自的均衡水平。

（四）中国的 30 个省区市全要素生产率的影响因素

结合经济增长理论，在分析了所涉及的要素配置、知识进步、制度因素、资源环境等因素对全要素生产率的影响机制后，对中国全要素生产率增长是否存在"波特假说""资源诅咒"进行了检验。

1. 资源环境约束对中国的 30 个省区市的全局技术效率的影响

第一，当不考虑资源环境约束时，经济发展水平、禀赋结构和科技因素对全局技术效率的影响均在统计意义上显著，而产业结构和外资因素不显著。考虑资源环境因素后，全局效率值的测算值会更小，产业结构和外资因素对全局技术效率有显著影响，并且，经济发展水平对全局技术效率的影响方向发生了变化，环境因素对全局效率值的影响在统计意义上不显著。这说明，环境因素对省际技术效率的影响尚不明确。同时，说明分析全要素生产率时资源环境因素不容忽视，否则，分析结果是有偏的。

第二，全样本期内，全国及东中西部三大区域平均技术效率水平的动态趋势基本一致，但从 2010 年开始，各地区平均技术效率呈现稳定下降趋势。考察 2010 年之前和 2010 年之后的两个子样本期内环境因素 CY 对相应的技术效率值的影响，对全样本期内的模型进行了稳健性检验。结果表明，加入资源环境因素分析技术效率的模型是稳健的。

2. 资源环境对中国的 30 个省区市的全要素生产率增长的影响

用累计 GML 指数和相邻两期的 GML 指数分别表示全要素生产率增长，对比分析其动态影响效应的实证结果表明，经济发展水平、产业结构、资源因素无论是对累计 GML 指数还是相邻 GML 指数的影响在统计意义上都是显著的且方向一致，环境因素对相邻 GML 指数影响显著，对累计 GML 指数影响不显著，禀赋结构、科技因素和外资因素对累计 GML 指数和相邻 GML 指数的影响在统计意义上都是显著的，但方向不一致。

就微观企业而言，要素质量和知识进步可以体现在技术进步中，而劳动、资本等要素的合理配置、生产规模以及外部环境则可以提升企业的生产效率。能源投入、环境因素则是影响全要素生产率提升的重要因素。

3. 资源环境约束下各因素对全要素生产率增长的影响差异

经济发展水平、禀赋结构、资源因素、外资因素对全要素生产率增长有制约作用，产业结构、科技因素对全要素生产率增长有促进作用。其中，对全要素生产率增长影响效应最大的是产业结构，最小的是禀赋结构。环境因素对省际全要素生产率增长的影响在统计上不显著，表明本章选取的样本期内环境治理投资对全要素生产率增长的影响不明确，这与环境指标的选择和样本数据受限有关。

为了详细分析不同地区、不同时段的影响因素，利用虚拟变量的方法，重点考查了在对逐年 GML 指数和累计 GML 指数的影响因素计量分析时，对全要素生产率增长的影响出现不一致的解释变量，主要有环境因素、科技因素、禀赋结构和外资因素，深入探讨各因素对全要素生产率增长的长短期影响效应，具体结论如下。

科技因素、禀赋结构和外资因素对全局技术效率的影响存在结构性变动，而用来表示环境规制强度的环境污染治理投资占 GDP 的比重对全局技术效率的影响不存在明显的结构变动。这也可能是第一节分析 GE 指数的影响因素时，CY 的系数并不显著的原因，同时，也说明该模型是稳健的。

科技因素 RDY 对东中西部三大区域的全要素生产率增长的影响差异：以西部地区为参照，无论从短期还是长期来看，东部地区的研发水平对全要素生产率增长都有显著的影响，中部地区和西部地区相比较而言，科技因素对提高全要素生产率影响的差异在统计意义上不显著。

禀赋结构对东中西部三大区域的全要素生产率增长的影响差异，东部地区的禀赋结构在提高全要素生产率中有显著的促进作用，中国在实施区域协调发展战略中，鼓励东部地区率先发展，因此，在如何达到要素的优化配置方面积累了大量经验，西部地区可以借鉴东部经验改善要素配置。相比较而言中部地区和西部地区，禀赋结构对提高全要素生产率影响的差异在统计意义上不显著。

外资因素对东中西部三大区域的全要素生产率增长的影响差异：无论从短期还是长期来看，虽然外资因素对全要素生产率增长都有显著的促进作用，严格的环境规制有效地提高东部地区外资进入的环境门槛，对 FDI 起到了"筛选"作用，"波特假说"得到了验证。但和西部地区相比，东部地区外商直接投资利用率在全要素生产率增长中的作用在减弱，技术溢出效应已经不能抵消外资企业的资源和污染效应，而西部地区还可以通过加大外商直接投资利用率，多引进生产高技术含量产品、少能耗、少污染排放的外资企业，切实发挥带动本土技术效率的作用。中部地区和西部地区相比较而言，利用外商直接投资额的提高对全要素生产率增长也产生了抑制作用。

（五）资源环境约束下工业对中国的 30 个省区市全要素生产率增长的影响

因为数据获取受限，本章对 2004～2016 年中国的 30 个省区市的工业全要素生产率进行了测算，并在此基础上，分析了中国各省区市工业全要素生产率的区域特征、演变趋势以及工业全要素生产率与中国各省区市全要素生产率之间的关系；对资源环境约束下中国各省区市的工业全要素生产率增长路径进行了探讨，为工业转型升级提供了理论依据。主要有五个结论。

（1）在样本期内，大部分省区市的工业生产率提高，只有4个省区市工业生产率降低。西部地区的工业生产率提升最快，呈现较快的追赶速度，中部地区各省市的工业生产率提升最慢。

（2）从技术效率水平来看，东中西部三大区域的工业技术效率平均水平比较而言，东部地区一直处于领先地位，而中部地区和西部地区一直低于东部地区，中部地区的工业技术效率平均水平略高于西部地区，差别不大。从时间维度来看，工业全局效率值的演变趋势以2011年为界，呈现明显的阶段特征。总体来说，工业技术效率水平在不断提升。

（3）从工业GML指数来看，中国的30个省区市每个地区的全要素生产率增长差异由技术效率主导，但是，将中国的30个省区市分成东中西部三大区域后，从时间维度来看，工业全要素生产率的增长主要还是靠技术进步推动，技术进步将是中国工业化道路顺利进行的主要源泉。

（4）在全要素生产率增长分析中，从静态的全局技术效率GE指数来看，中国各省区市GE指数和工业GE指数之间有着高度正向相关关系，工业技术效率的提升将会提高中国各省区市的全局效率；从动态的GML指数来看，工业CGML和中国各省区市CGML指数的相关系数 $\rho = 0.785$，说明工业全要素生产率增长与中国各省区市全要素生产率增长也是高度正相关关系。

（5）资源环境对工业全要素生产率增长的门槛效应是存在的，资源环境约束的代理变量无论是选择能源消费结构还是环境规制作为转移变量时，都能检验出对工业全要素生产率增长的影响具有非线性特征，且转换函数的转换效果明显，本章使用 PSTR 模型的分析结果是稳健的。根据非线性效应分析结果，对位于高区制、低区制的工业企业区别对待，采用不同的能源结构升级、环境规制政策，刺激企业进行技术创新，可以从不同路径促使工业全要素生产率增长，从而带动中国各省区市的全要素生产率增长，打破资源诅咒，实现经济和环境双赢的"波特假说"。

（六）中国和经济合作与发展组织（OECD）国家全要素生产率增长的比较

纳入资源和环境因素，本章通过测算 2001～2012 年包含中国在内的一共 20 个国家的全要素生产率指数 GML 及其分解成分，对其影响因素进行实证分析，发现经济合作与发展组织（OECD）成员国的全要素生产率平均水平基本上都高于中国，只有在 2006～2009 年低于中国，说明 2008 年爆发的经济危机对经济合作与发展组织（OECD）成员国冲击性更大，引致了全要素生产率的大幅下降。此外，还有以下三个结论。

（1）全要素生产率指数在资源环境约束条件下普遍低于无约束条件下的测算，因此，资源环境约束对各国的全要素生产率增长是有影响的，不能忽视。

（2）从国家之间全要素生产率及其分解因子比较发现，规模效率变化水平和纯效率变化水平差异较小，但是，规模技术水平和技术变化水平间的差异较大，且技术变化与全要素生产率的变动趋势基本一致。

（3）不同因素影响全要素生产率的方向及大小有一定差别，其中，经济发展水平、投入结构、能源结构、资源因素、环境因素、贸易结构六个方面对全要素生产率增长都有显著影响。

根据以上结论，在经济增长的环境约束日趋强化的大环境下，无论从国内视角还是国际视角，以下都是全要素生产率提高的有效途径：合理配置要素资源，从微观上提高劳动力的劳动生产率；优化能源结构，有效利用能源，改善环境污染，兼顾经济发展方式向"高效率、低能耗、低排放"转型；激发经济主体加强有效的科技研发力量、加强环境友好技术的创新，推动技术进步、促进效率改善；优化国际贸易结构，推动外资因素对经济增长的促进作用，确保引进外资的质量，以发挥带动中国企业学习先进的生产技术、管理经验，促进技术进步。

二、研究展望

本书从省际层面、工业层面、国际层面对中国的全要素生产率增长进行了研究，因为知识水平和精力有限，所以，仍存在许多不足之处和可以完善的地方，这也是今后可以继续深入研究的方向。

第一，不同经济体的统计指标口径存在差异性。有关指标在不同统计口径下的处理可能会让数据有略微误差，特别是发展水平不同的国家，如何对指标进行标准化处理使其具有可比性，是测算出真实全要素生产率增长水平的必要条件。

第二，关于污染排放，因为"十一五"时期明确提出了减排目标的主要污染物为化学需氧量COD、二氧化硫SO_2、氨氮和氢氧化物，考虑到数据的可得性，所以，本书在测算中国各省区市全要素生产率增长时只采用了中国各省区市的COD和SO_2的排放量，而没有考虑其他污染排放，在进行全要素生产率影响因素的国际比较时，又只有CO_2的排放量，这将势必影响真实生产效率的测算。另外，从查找数据的过程中发现，在中国各省区市的废水排放总量中，和工业废水COD的排放量所占比重几乎相当甚至有超越时，是中国污染排放的重要来源，因此，随着产业升级，其他行业的污染排放也一定会影响中国各省区市的环境绩效，值得进一步探究。

第三，本书在构建GML指数时，如果对不同国家劳动投入的构成进行细分，或者考虑多个非期望产出进行加权综合评价，可以更精细地测得全要素生产率。因此，需要对经济体或地区之间进行比较时，充分考虑研究对象投入与产出的构成差异、对高污染行业和低污染行业的指标进行区别处理，以及测算模型的适用性研究都是未来可以改进的方向。

第四，虽然工业作为中国经济崛起的核心产业，是中国全要素生产率提升的主要动力行业，在构建安全高效的能源体系、降低能耗、减少污染排放、实现清洁生产中承担着主体责任，但是，随着中国产业结构调整优化，第三产业对于全要素生产率增长的推动作用日益增强，因此，可以考虑更多的行业，为全面提升全要素生产率增长探明道路。

第五，环境规制和经济增长的关系，因为代表环境规制的指标选取不同，会造成统计检验结果不稳健的现象，所以，现有文献中对于同样的样本期，在论证中国省际全要素生产率到底有没有实现环境和经济的双赢，即验证"波特假说"是否成立时，也各执一词，少有能互为佐证的研究结果出现，这是以后在讨论环境因素和全要素生产率增长关系时可以继续思考的问题。

参考文献

［1］安尼尔·特维．中国的能源与环境——经济发展的两大制约因素［J］．世界环境，2006（4）：71 - 77．

［2］蔡昉，都阳．中国地区经济增长的趋同与差异——对西部开发战略的启示［J］．经济研究，2000（10）：30 - 37，80．

［3］查冬兰，周德群，严斌剑．能源约束下的我国 TFP 增长比较——基于技术可变的面板随机前沿生产模型［J］．系统工程，2009，27（6）：8 - 14．

［4］程惠芳，陆嘉俊．知识资本对工业企业全要素生产率影响的实证分析［J］．经济研究，2014，49（5）：174 - 187．

［5］陈诗一．能源消耗、二氧化碳排放与中国工业的可持续发展［J］．经济研究，2009（4）：41 - 55．

［6］陈晓玲，李国平．我国地区经济收敛的空间面板数据模型分析［J］．经济科学，2006（5）：5 - 17．

［7］陈秀山，徐瑛．中国区域差距影响因素的实证研究［J］．中国社会科学，2004（5）：117 - 129，207．

［8］陈玉桥．省域环境技术效率空间视角分析［J］．南方经济，2013（10）：64 - 76．

［9］陈钊，陆铭，金煜. 中国人力资本和教育发展的区域差异：对于面板数据的估算［J］. 世界经济，2004（12）：25－31，77.

［10］邓翔，李建平. 中国地区经济增长的动力分析［J］. 管理世界，2004（11）：68－76.

［11］丁琳，陈平. 一个中国各地区经济增长的实证研究［J］. 经济科学，1998（4）：47－55.

［12］董敏杰，李钢，梁泳梅. 中国工业 TFP 的来源分解——基于要素投入与污染治理的分析［J］. 数量经济技术经济研究，2012，29（2）：3－20.

［13］范爱军，王丽丽. 中国技术效率的地区差异与增长收敛——基于省际数据的研究［J］. 经济学家，2009（4）：83－89.

［14］范建双，李忠富，邹心勇. 中国建筑业大型承包商的 TFP 测算——基于随机前沿生产函数的实证分析［J］. 系统管理学报，2010，19（5）：55.

［15］方福前，张艳丽. 中国农业全要素生产率的变化及其影响因素分析——基于 1991～2008 年 Malmquist 指数方法［J］. 经济理论与经济管理，2010（9）：5－12.

［16］冯杰，张世秋. 基于 DEA 方法的我国省际绿色 TFP 评估——不同模型选择的差异性探析［J］. 北京大学学报（自然科学版），2017，53（1）：151.

［17］傅晓霞，吴利学. TFP 在中国地区差异中的贡献：兼与彭国华和李静等商榷［J］. 世界经济，2006（9）：12－

22，95.

　　［18］傅晓霞，吴利学．技术效率、资本深化与地区差异——基于随机前沿模型的中国地区收敛分析［J］．经济研究，2006（10）：52－61.

　　［19］高帆，汪亚楠．城乡收入差距是如何影响 TFP 的？［J］．数量经济技术经济研究，2017，33（1）：92－109.

　　［20］顾乃华，李江帆．中国服务业技术效率区域差异的实证分析［J］．经济研究，2006（1）：46－56.

　　［21］郭庆旺，贾俊雪．中国 TFP 的估算：1979～2004［J］．经济研究，2005（6）：51－60.

　　［22］郭庆旺，赵志耘，贾俊雪．中国省份经济的 TFP 分析［J］．世界经济，2005（5）：46－53，80.

　　［23］韩芳．我国可再生能源发展现状和前景展望［J］．可再生能源，2010，28（4）：137－140.

　　［24］韩智勇，魏一鸣，焦建玲，范英，张九天．中国能源消费与经济增长的协整性与因果关系分析［J］．系统工程，2004（12）：17－21.

　　［25］杭雷鸣．我国能源消费结构问题研究［D］．上海：上海交通大学博士学位论文，2007.

　　［26］郝睿．经济效率与地区平等：中国省际经济增长与差距的实证分析（1978－2003）［J］．世界经济文汇，2006（2）：11－29.

　　［27］何枫．经济开放度对我国技术效率影响的实证分析［J］．中国软科学，2004（1）：48－52.

[28] 何元庆. 对外开放与 TFP 增长：基于中国省际面板数据的经验研究 [J]. 经济学（季刊），2007（4）：1127-1142.

[29] 贺胜兵，刘友金，周华蓉. 考虑能源投入的省级时变技术效率估计与比较：1998-2008 [J]. 系统工程，2011，29（4）：40-44.

[30] 胡鞍钢，郑京海，高宇宁，张宁，许海萍. 考虑环境因素的省级技术效率排名（1999-2005）[J]. 经济学（季刊），2008（3）：933-960.

[31] 黄永春，石秋平. 中国区域环境效率与环境全要素的研究——基于包含 R&D 投入的 SBM 模型的分析 [J]. 中国人口·资源与环境 2015（12）：25-34.

[32] 黄勇峰，任若恩. 中美两国制造业 TFP 比较研究 [J]. 经济学（季刊），2002（4）：161-180.

[33] 姜能鹏，陈经伟. FDI、全球价值链嵌入与 TFP [J]. 河北经贸大学学报，2019（1）：50-59.

[34] 金碚. 科学发展观与经济增长方式转变 [J]. 中国工业经济，2006（5）：5-14.

[35] 金碚. 资源与环境约束下的中国工业发展 [J]. 中国工业经济，2005（4）：5-14.

[36] 金玉国. 宏观制度变迁对转型时期中国经济增长的贡献 [J]. 财经科学，2001（2）：24-28.

[37] 孔群喜，孙爽，陈慧. 对外直接投资、逆向技术溢出与经济增长质量——基于不同投资动机的经验考察 [J]. 山西财经大学学报，2019，41（2）：16-34.

［38］孔胜，张同健，吕宝林．试论我国煤炭价格的影响因素［J］．煤炭经济研究，2009（5）：4 - 5，30.

［39］匡远凤，彭代彦．中国环境生产效率与环境全要素生产率分析［J］．经济研究，2012（7）：62 - 74.

［40］冷淑莲，冷崇总．我国自然资源价格现状与改革对策［J］．价格与市场，2008（1）：12 - 16.

［41］李佛关，郎永建．城镇化与 TFP 提升关系实证研究［J］．企业经济，2017，35（2）：179 - 183.

［42］李谷成，冯中朝．中国农业全要素生产率增长：技术推进抑或效率驱动———一项基于随机前沿生产函数的行业比较研究［J］．农业技术经济，2010（5）：4 - 14.

［43］李静，孟令杰，吴福象．中国地区发展差异的再检验：要素积累抑或 TFP［J］．世界经济，2006（1）：12 - 22.

［44］李静．中国省区经济增长进程中的生产率角色研究［D］．南京：南京农业大学博士学位论文，2006.

［45］李培哲，菅利荣，刘勇．基于 DEA 与 Malmquist 指数的区域高技术产业创新效率评价研究［J］．工业技术经济，2019，38（1）：27 - 34.

［46］李平．环境技术效率、绿色生产率与可持续发展：长三角与珠三角城市群的比较［J］．数量经济技术经济研究，2017（11）：3 - 23.

［47］李胜文，李大胜．中国工业全要素生产率的波动：1986 ~ 2005———基于细分行业的三投入随机前沿生产函数分析［J］．数量经济技术经济研究，2008（5）：43 - 54.

［48］李帅. 价格扭曲、能源替代对我国能源消费结构影响的实证分析［D］. 大连：东北财经大学硕士学位论文，2011.

［49］李小平，卢现祥，朱钟棣. 国际贸易、技术进步和中国工业行业的生产率增长［J］. 经济学（季刊），2008（2）：549－564.

［50］李小胜，余芝雅，安庆贤. 中国省际环境全要素生产率及其影响因素分析［J］. 中国人口·资源与环境，2014（10）：17－23.

［51］李晓璇. 农业 TFP 对城乡收入差距的影响［D］. 杭州：浙江财经大学硕士学位论文，2018.

［52］李玉珺. 跨国并购对民营企业 TFP 的影响研究［D］. 杭州：浙江财经大学硕士学位论文，2018.

［53］李占风，张建. 资源环境约束下中国工业环境技术效率的地区差异及动态演变［J］. 统计研究，2018（12）：45－55.

［54］李占风，赵琼. 资源环境约束下全要素生产率的影响因素分析——基于中国与 OECD 国家的数据［J］. 数量经济研究，2017，8（2）：66－76.

［55］李真. 服务业分行业 TFP 测算及分析——以淮安市为例［J］. 安徽商贸职业技术学院学报（社会科学版），2018，17（1）：17－22.

［56］林光平，龙志和，吴梅. 中国地区经济 σ 收敛的空间计量实证分析［J］. 数量经济技术经济研究，2006（4）：14－21，69.

［57］林毅夫，蔡昉，李周．中国经济转型时期的地区差距分析［J］．经济研究，1998（6）：5－12.

［58］林毅夫，刘培林．中国的经济发展战略与地区收入差距［J］．经济研究，2003（3）：19－25，89.

［59］林毅夫，任若恩．东亚经济增长模式相关争论的再探讨［J］．经济研究，2007（8）：4－12，57.

［60］刘华军，杨骞．资源环境约束下中国TFP增长的空间差异和影响因素［J］．管理科学，2014，27（5）：133－144.

［61］刘强．中国经济增长的收敛性分析［J］．经济研究，2001（6）：70－77.

［62］刘战伟．资源环境约束下的中国农业全要素生产率增长与分解［J］．科技管理研究，2015，35（1）：83－87.

［63］罗良文，潘雅茹，陈峥．基础设施投资与中国TFP——基于自主研发和技术引进的视角［J］．中南财经政法大学学报，2017（1）：30－37，159.

［64］彭国华．中国地区收入差距、TFP及其收敛分析［J］．经济研究，2005（9）：19－29.

［65］彭水军，包群．中国经济增长与环境污染——基于广义脉冲响应函数法的实证研究［J］．中国工业经济，2006（5）：15－23.

［66］齐涛．金融危机、出口贸易与TFP［D］．大连：东北财经大学硕士学位论文，2016.

［67］钱争鸣，刘晓晨．环境管制、产业结构调整与地区经济发展［J］．经济学家，2014（7）：73－81.

［68］邱珺. 中国零售业 TFP 的实证研究［D］. 南京：南京财经大学硕士学位论文，2016.

［69］邱士雷，王子龙，吴朋等. 资源环境约束下中国 ET-FP 演变的空间计量分析［J］. 软科学，2019，33（7）：86 - 93.

［70］屈小娥. 行业特征、环境管制与生产率增长——基于"波特假说"的检验［J］. 软科学，2015（2）：24 - 27，60.

［71］屈小娥，胡琰欣，赵昱钧. 产业集聚对制造业绿色 TFP 的影响——基于长短期行业异质性视角的经验分析［J］. 北京理工大学学报（社会科学版），2019，21（1）：27 - 36.

［72］曲建君. TFP 研究综述［J］. 经济师，2007（1）：76 - 77.

［73］饶卓. 制度环境对企业 TFP 的影响研究［D］. 南京：南京理工大学硕士学位论文，2017.

［74］邵帅，范美婷，杨莉莉. 资源产业依赖如何影响经济发展效率？——有条件资源诅咒假说的检验及解释［J］. 管理世界，2013（2）：32 - 63.

［75］邵帅，杨莉莉. 自然资源丰裕、资源产业依赖与中国区域经济增长［J］. 管理世界，2010（9）：26 - 44.

［76］沈坤荣，马俊. 中国经济增长的"俱乐部收敛"特征及其成因研究［J］. 经济研究，2002（1）：33 - 39，94 - 95.

［77］沈坤荣. 1978 - 1997 年中国经济增长因素的实证分析［J］. 经济科学，1999（4）：15 - 25.

［78］石风光，杨文举. 经济增长收敛的计量研究评述［J］. 经济问题，2008（9）：6 - 9.

［79］田振振.中国输配电网技术效率与 TFP 的实证研究
［D］.大连：东北财经大学硕士学位论文，2016.

［80］涂正革.TFP 与区域经济增长的动力——基于对
1995～2004 年 28 个省市大中型工业的非参数生产前沿分析
［J］.南开经济研究，2007（4）：14－36.

［81］涂正革，肖耿.中国的工业生产力革命——用随机
前沿生产模型对中国大中型工业企业 TFP 增长的分解及分析
［J］.经济研究，2005（3）：4－15.

［82］汪辉平，王增涛，王美霞.FDI 对中国农业 TFP 的空
间溢出效应［J］.西北农林科技大学学报（社会科学版），
2017，17（1）：123－129.

［83］汪敏.进口贸易对中国高新技术产业 TFP 的影响
［D］.南京：南京财经大学硕士学位论文，2015.

［84］汪侠.资源环境约束下的城市经济效率测度与差异
研究——基于中部与长江经济带 14 市的比较［J］.科技和产
业，2015，15（9）：45－51.

［85］王冰，程婷.我国中部城市环境全要素生产率的时
空演变——基于 Malmquist－Luenberger 生产率指数分解方法
［J］.长江流域资源与环境，2019，28（1）：48－59.

［86］王兵，黄人杰.中国区域绿色发展效率与绿色 TFP：
2000－2010——基于参数共同边界的实证研究［J］.产经评
论，2014，5（1）：16－35.

［87］王卉.一个重要的夹角：方法与实证［D］.兰州：
兰州大学硕士学位论文，2006.

[88] 王惠，王树乔. FDI、技术效率与 TFP 增长——基于江苏省制造业面板数据经验研究［J］. 华东经济管理，2017，30（1）：19 – 25.

[89] 王小鲁，樊纲. 中国地区差距的变动趋势和影响因素［J］. 经济研究，2004（1）：33 – 44.

[90] 王亚星，李敏瑞. 资本扭曲与企业对外直接投资——以 TFP 为中介的倒逼机制［J］. 财贸经济，2017，38（1）：115 – 129.

[91] 王志刚，龚六堂，陈玉宇. 地区间生产效率与 TFP 增长率分解（1978 – 2003）［J］. 中国社会科学，2006（2）：55 – 66，206.

[92] 魏后凯. 中国地区经济增长及其收敛性［J］. 中国工业经济，1997（3）：31 – 37.

[93] 魏梅. 区域经济增长中的生产率与产业结构研究［D］. 兰州：兰州大学博士学位论文，2008.

[94] 魏世红. 中国高技术产业技术效率研究［D］. 大连：大连理工大学博士学位论文，2008.

[95] 魏下海，王岳龙. 城市化、创新与 TFP 增长——基于省际面板数据的经验研究［J］. 财经科学，2010（3）：69 – 76.

[96] 温湖炜，周凤秀. 环境规制与中国省域绿色 TFP——兼论对《环境保护税法》实施的启示［J］. 干旱区资源与环境，2019，33（2）：9 – 15.

[97] 吴军，笪凤媛等. 环境管制与中国区域生产率增长［J］. 统计研究，2010，27（1）：83 – 89.

［98］吴青青．我国省际绿色 TFP 的空间计量分析［D］．合肥：安徽财经大学硕士学位论文，2015.

［99］吴新博．我国各地区 TFP 的测定与比较分析［J］．运筹与管理，2006（5）：149-153.

［100］吴玉鸣，徐建华．中国区域经济增长集聚的空间统计分析［J］．地理科学，2004（6）：654-659.

［101］宋铮：资源配置效率降低导致 TFP 下降［N］．第一财经日报，2019-01-14（A11）.

［102］熊俊．要素投入、TFP 与中国经济增长的动力［D］．成都：四川大学硕士学位论文，2006.

［103］徐现祥，舒元．物质资本、人力资本与中国地区双峰趋同［J］．世界经济，2005（1）：47-57.

［104］徐小鹰．资源环境约束下区域经济增长效率研究［J］．统计与决策，2019，35（2）：152-156.

［105］徐艳飞，刘再起．对外贸易、劳动力转移与 TFP 增长［J］．云南财经大学学报，2015，31（1）：74-82.

［106］宣烨，余泳泽．生产性服务业集聚对制造业企业全要素生产率提升研究——来自 230 个城市微观企业的证据［J］．数量经济技术经济研究，2017，34（2）：89-104.

［107］许宝林．关于新经济增长理论的若干思考［J］．理论观察，2006（6）：59-60.

［108］许和连，亓朋，祝树金．贸易开放度、人力资本与 TFP：基于中国省际面板数据的经验分析［J］．世界经济，2006（12）：3-10，96.

［109］许召元，李善同．近年来中国地区差距的变化趋势［J］．经济研究，2006（7）：106－116．

［110］颜鹏飞，王兵．技术效率、技术进步与生产率增长：基于 DEA 的实证分析［J］．经济研究，2004（12）：55－65．

［111］杨海文．空间计量模型的选择、估计及其应用［D］．南昌：江西财经大学博士学位论文，2015．

［112］杨开忠．中国区域经济差异变动研究［J］．经济研究，1994（12）：28－33，12．

［113］杨汝岱．中国制造业企业 TFP 研究［J］．经济研究，2015，50（2）：61－74．

［114］杨文举，龙睿赟．中国区域劳动生产率趋同或趋异的非参数分析［J］．科学经济社会，2007（1）：54－57．

［115］殷宝庆．环境规制与我国制造业绿色 TFP——基于国际垂直专业化视角的实证［J］．中国人口·资源与环境，2012（12）：60－66．

［116］尹向飞，刘长石．环境与矿产资源双重约束下的中国制造业全要素生产率研究［J］．软科学，2017，31（2）：9－13．

［117］于君博．前沿生产函数在中国区域经济增长技术效率测算中的应用［J］．中国软科学，2006（11）：50－59．

［118］余浩．本土市场规模与服务业 TFP［D］．南京：南京财经大学硕士学位论文，2016．

［119］岳书敬，刘朝明．人力资本与区域 TFP 分析［J］．经济研究，2006（4）：90－96，127．

［120］张焕明．我国经济增长地区性趋同路径的实证分析

［J］．财经研究，2007（1）：76－87．

［121］张建清，龚恩泽，孙元元．长江经济带环境规制与制造业全要素生产率［J］．科学学研究，2019，37（9）：1558－1569．

［122］张军，施少华．中国经济 TFP 变动：1952－1998［J］．世界经济文汇，2003（2）：17－24．

［123］张军，吴桂英，张吉鹏．中国省际物质资本存量估算：1952－2000［J］．经济研究，2004（10）：35－44．

［124］张乐．山西省制造业 TFP 变动的实证研究——基于 DEA-Malmquist 指数分析方法［J］．经济师，2017（1）：187－189．

［125］张胜，郭军，陈金贤．中国省际长期经济增长绝对收敛的经验分析［J］．世界经济，2001（6）：67－70．

［126］赵伟，马瑞永，何元庆．TFP 变动的分解——基于 Malmquist 生产力指数的实证分析［J］．统计研究，2005（7）：37－42．

［127］赵文杰，白宏坤，李虎军，刘军会．基于全要素生产效率的县级供电公司综合评估［J］．集成电路应用，2019（1）：84－85．

［128］赵昕，崔晓丽．环境资源约束下环渤海经济圈经济增长绩效测度——基于 DEA－面板回归模型的实证研究［J］．中国渔业经济，2015，33（3）：54－60．

［129］郑京海，刘小玄，Arne Bigsten. 1980－1994 期间中国国有企业的效率、技术进步和最佳实践［J］．经济学（季

刊), 2002 (2): 21 - 54

[130] 郑丽琳与朱启贵. 能源环境约束下垂直技术进步、产业结构变迁与经济可持续增长 [J]. 财经研究 2013 (7): 49 - 60.

[131] 郑玉歆. TFP 的测算及其增长的规律——由东亚增长模式的争论谈起 [J]. 数量经济技术经济研究, 1998 (10): 28 - 34.

[132] 周永文. 广东 TFP 及影响因素分析——基于环境生产函数的实证研究 [J]. 暨南学报 (哲学社会科学版), 2017, 38 (1): 96 - 112, 132.

[133] Abramovitz M. Resource and Out-put Trends in the U. S. Since 1870 [J]. The American Economics Review, 1956, 46 (2): 5 - 23.

[134] Aghion P., Howitt P. A Model of Growth Through Creative Destruction [J]. Econometrica, 1992, 60: 323 - 351.

[135] Aigner D. J., Lovell C. A. K., Schmidt P. Formulation and Estimation of Empirical Application Function Models [J]. Journal of Econometrics, 1997, 6 (1): 21 - 37.

[136] Aigner D. J., S. F. Chu. On Estimation the Industry Production Function [J]. American Economic Review, 1968, 58 (4): 826 - 839.

[137] Akarca A. T., Long T. V. Energy and Employment: A Time Series Analysis of the Causal Relationship [J]. Resources and Energy, 1979, 2: 151 - 162.

［138］ Arrow Kenneth J. The Economic Implication of Learning by Doing ［J］. Review of Economic Studies, 1962, 29: 155 – 173.

［139］ Auty R. M. Sustaining Development in Mineral Econo-mies: The Resource Curse Thesis ［M］. London: Routledge, 1993.

［140］ Auty R. M. Resource Abundance and Economic Devel-opment ［M］. Oxford: Oxford University Press, 2001.

［141］ Avkiran N. K. , T. Rowlands. How to Better Identify the Ture Managerial Performance: State of the Art Using DEA ［J］. Omega, 2008, 36 (2): 317 – 324.

［142］ Ayong A. , D. Kama L. Sustainable Growth, Renewable Resources and Pollution ［J］. Journal of Economic Dynamics & Control, 2001, 25: 1911 – 1918.

［143］ Banker R. D. , Charnes A. , Cooper W. W. Some Mod-els for Estimating Technical and Scale Inefficiencies in Data Envel-opment Analysis ［J］. Management Science, 1984, 30 (9): 1078 – 1092.

［144］ Barro R. , Sala-I-Martin X. Economic Growth ［M］. Boston: McGraw-Hill, 1995.

［145］ Barro R. , Sala-I-Martin X. Convergence ［J］. The Journal of Political Economy, 1992 (100): 223 – 251.

［146］ Battese E. , Coelli T. A Model of Technical Inefficiency Effects in Stochastic Frontier Production For Panel Data ［J］. Em-pirical Economics, 1995 (20): 325 – 332.

[147] Baumol W. Productivity Growth, Convergence and Welfare: What the Long-run Data Show [J]. American Economic Review,1986 (76): 1072 – 1085.

[148] Becker G. , Barro R. A Reformulation of the Economic Theory of Fertility [J]. Quarterly Journal of Economics, 1988 (103): 1 – 25.

[149] Chambers R. G. , R. Fare, Grosskopf S. Productivity Growth in APEC Countries [J]. Pacific Economic Review, 1996 (1): 181 – 190.

[150] Charnes A. , Cooper W. W. , Rhodes E. Measuring the Efficiency of Decision Making Units [J]. European Journal of Operational Research, 1978, 6 (2): 429 – 444.

[151] Cheng B. S. , Lai T. W. An Investigation of Co-integration and Causality between Consumption and Economic Activity in Taiwan [J]. Energy Economics, 1997 (19): 435 – 444.

[152] Chow, Gregory C. Capital Formation and Economic Growth in China [J]. Quarterly Journal of Economics, 1993, 108 (3): 809 – 842.

[153] Cooper William W. , Lawrence M. Seiford, Kaoru Tone. Data Envelopment Analysis [M]. Munich: Second Edition, Kluwer Academic Publishers, 2007.

[154] Farrell J. The Measurement of Productive Efficiency [J]. Journal of the Royal Statistical Society, 1957, 120 (3): 253 – 281.

[155] Fukuyama H., W. L. Weber. A Directional Slacks-based Measure of Technical Inefficiency [J]. Socio-Economic Planning Sciences, 2009, 43 (4): 274 –287.

[156] González A., Teräsvirta T., Dijk D. Panel Smooth Transition Regression Mode l [R]. SSE/EFI Working Paper Series in Economics and Finance, 2004.

[157] Grossman G., Krueger A. Environmental Impacts of the North American Free Trade Agreement [C]. NBER, Working Paper, 1991, Vol. 3914.

[158] Hall R., C. Jones. Why Do Some Countries Produce So Much More Output per Worker than Others? [J]. Quarterly Journal of Economics, 1999, 114 (1): 83 –116.

[159] Jorgenson, Dale W., Zvi Grillches. The Explanation of Productivity Change [J]. Review of Economic Studies, 1967, 34 (3): 249 –283.

[160] Sala I Martin X. The Classical Approach to Convergence Analysis [J]. The Economic Journal, 1996, 106: 1019 –1036.

[161] Tone K. A Slacks-based Measure of Efficiency in Data Envelopment Analysis [J]. European Journal of Operational Research, 2001, 130: 498 –509.

[162] Kendrick J. Productivity Trends in the United States [M]. New York: NBER, 1961.

[163] R. Färe, S. Grosskopf, B. Lindgren, P. Roos. Productivity Changes in Swedish Pharamacies 1980 – 1989: A Non-para-

metric Malmquist Approach [J]. Journal of Productivity Analysis, 1992, 6 (3): 85 –101, 17.

[164] Romer P. M. Human Capital and Growth: Theory and Evidence [M]. Chicago Camegie Rochester Conference Series on Public Policy, 1990 (32): 251 –286.

[165] Solow, Robert M. Technical Change and Aggregate Production Function [J]. Review of Economics and Statistics, 1957, 39 (3): 312 –320.

[166] Y. H. Chung, R. Färe and S. Grosskopf. Productivity and Undesirable Outputs: A Directional Distance Function Approach [J]. Journal of Environmental Management, 1997, 51 (3): 229 –240.